法藏知津

二編：佛教思想研究專輯

杜潔祥 主編

第 20 冊

憨山自性禪思想之理論基礎與核心論題（上）

陳松柏 著

花木蘭文化出版社

國家圖書館出版品預行編目資料

憨山自性禪思想之理論基礎與核心論題（上）／陳松柏　著 ——
初版 —— 新北市：花木蘭文化出版社，2015〔民104〕
目 6+150 面；19×26 公分
（法藏知津二編：佛教思想研究專輯　第 20 冊）
ISBN：978-986-322-043-5（精裝）
1.（明）釋德清　2. 學術思想　3. 禪宗
030.8　　　　　　　　　　　　　　　　101015398

ISBN-978-986-322-043-5

9 789863 220435

法藏知津二編：佛教思想研究專輯
第二十冊　　　　　　　　　　　ISBN：978-986-322-043-5

憨山自性禪思想之理論基礎與核心論題（上）

作　　者　陳松柏
主　　編　杜潔祥
副總編輯　楊嘉樂
編　　輯　許郁翎
出　　版　花木蘭文化出版社
社　　長　高小娟
聯絡地址　235 新北市中和區中安街七二號十三樓
　　　　　電話：02-2923-1455／傳真：02-2923-1452
網　　址　http://www.huamulan.tw　信箱 hml810518@gmail.com
印　　刷　普羅文化出版廣告事業
初　　版　2015 年 5 月
定　　價　二編 24 冊（精裝）新台幣 40,000 元
　　　　　　　　　　　　　　　　版權所有・請勿翻印

憨山自性禪思想之理論基礎與核心論題（上）

陳松柏　著

作者簡介

陳松柏，台灣台中人，高師大國文碩士，東海大學哲學博士。曾先後任教高雄市三民國中、台中市成功國中、東海大學社會系，現職南開科技大學資訊管理系專任副教授。本文關於道生思想之處理，原係作者碩士時期關注的佛教哲學論題；但以最近十年發表之論文觀之，學術領域則主要聚焦於中國的魏晉玄學、明清思想以及歐陸的康德與海德格哲學。未來的研究方向，將會偏重在結合現前的授課內容，以「生死學」、「文學鑑賞」和「資訊素養」的相關文創思維為主軸。

提 要

　　本論文之題目之所以用「自性禪」作為貫串整個憨山禪學之依據，是因為憨山曾自己道出「禪者，心之異名也」，這個「心」即是自性本體，換言之，憨山的禪宗哲學，乃是環繞著自性禪的一套思想。然而，憨山畢竟仍承循了「不立文字」的禪者風格，認為自性本身就是一個萬德具足的事實，毋須加上任何說明，這使得他的自性禪觀點，普遍呈現出論證程序缺乏的問題。更因為憨山自己之反對依知見概念繞路說禪，這也使得他的法語開示，往往更接近於一種主觀境界語，在學術處理上，這樣的語言，實在很難成立為理性論據。所以，為了尋找出一套詮釋憨山自性禪學之最佳通路，筆者希望能以自性禪為中心，為憨山禪學之本體論、工夫論乃至方法論之成立，搭設出各種可能的理論架構，並闡述其義理內涵。在論文的實際進行上面，首先約化式地整理出憨山自性禪學的方法論，並特意地通過憨山之本體、工夫特質，回溯於傳統之佛教理論，借用這些深植於憨山自性禪學底層之傳統教義教理，將憨山原來潛存之禪學義理，逐一地彰顯驗證出來。雖然就嚴密的推論程序言，憨山所有關於自性禪的原始論著，並沒有足夠形成系統的理論組織，但是，凡最純粹的東西，一定也最經得起表達。所以，本文大膽地以現代學術的解讀架構，分依「方法論」、「本體論」、「工夫論」做為貫串其自性禪學的依據，這正是代表著筆者個人對於詮釋憨山自性禪的一種嘗試性之表達方式。而筆者深信，本文推薦的這一以自性為核心之三論合一的理論系統，不但能補足憨山自性禪學知性建構之不足，也能符合並解讀憨山之自性禪學、豁顯其特質。甚至，將來如欲廣開視野，對於憨山思想做更進一步的意義探求，也可以此為基石。

目

次

序　論

　　目前國內學界對於憨山的研究論著，特別是關於憨山的專題研究方面，其詮釋的角度，可大略區別為二：其一是集中在歷史意義的考察，以釋聖嚴與江燦騰為代表；其二則是思想層面的探討，以王煜、林繼平為代表。其中，第一部份尤以釋聖嚴《明末佛教研究》，最具開創性；這本專著是將憨山納入「明末的禪宗人物」的大族群當中，分別依禪者之出生地域、世系法脈、傳記資料、禪者之修證經驗與鍛鍊方法，進行逐層的辨析。不可諱言的，釋聖嚴之研究，確實是國內晚明佛教之研究先驅；但是，如果以單一禪宗人物之研究立場言，則《明末佛教研究》的研究方式就顯得有心無力，甚至可能僅只是一種歷史文獻的重新整合而已，並沒有辦法對於某一位禪僧（如憨山）的思想提供一門深入的探討。其次，江燦騰亦於《人間淨土之追尋》及《晚明佛教叢林改革與佛學諍辯之研究──以憨山德清的改革生涯為中心》二書中，分別就憨山早期之金陵報恩寺時期、曹溪叢林的制度改革以及參與《物不遷論》的諍辯諸層面，試圖形構憨山在晚明佛教復興運動當中的地位。江氏之研究方式，相當令人激賞，因為他是扣緊了晚明佛教世俗化的脈絡來進行的，很容易引發現代人的反省或共鳴；但是，它仍然是屬於歷史角度的進路，真正能觸及到憨山思想的部份，依舊十分有限。

　　相對之下，王煜《明清思想家論集》之〈釋德清融攝儒道兩家思想以論佛性〉一文，以及林繼平《明學探微》之〈從陽明、憨山之釋大學看儒佛疆界──禪宗「破三關」哲理的探索〉文，便格外令人青睞了。其中，王煜一文，據作者自己在文末註解中聲稱，是依哲學角度切入憨山的思想，與徐頌鵬宗教性

質的研究進路，[註1]作風絕異；細察其文，的確在研究憨山思想上面亦有獨樹一幟之處，惟缺點在於能「博」而不能「約」，因為憨山思想確實是一個包羅宏富的大體系，如果不能謹守於一條進路從一而終，任何人都有可能去而不返。而這個現象，在林繼平的研究論文中，雖然並不明顯，但林文肆意比附禪宗三關以說明憨山思想，已久為學界垢病；而且，林繼平是以宋明理學的角度研究憨山之《大學綱目決疑》，在解讀憨山思想時，難免有削足適履之嫌。酌情於這樣的考量，筆者所選擇的詮釋進路，雖然仍以憨山的思想為基本，但處理的範圍已自「憨山思想」此一總體性的範疇上，予以縮小約化為「憨山自性禪」，以「自性禪」為貫通「憨山禪學」的主幹。所以，本論文之題目，遂定名為「憨山自性禪思想之理論基礎與核心論題」，之所以用「自性禪」作為貫串整個憨山禪學之依據，是因為憨山曾自己道出「禪者，心之異名也」，[註2]這個「心」即是自性本體，換言之，憨山的禪學乃是環繞著自性禪的一套思想。本文除了將清楚地鉤勒出憨山此一自性本體之外，全文各章之安排，亦悉環繞此一自性說之豐富義涵，分別展開。而筆者希望能藉這篇論文，達成底下三個目的：

第一、希望本文關於憨山自性禪學之處理，能具備延伸於憨山各個思想層面的功能。例如憨山之淨土思想、華嚴思想、天台思想、楞嚴思想、老學思想、生死學等，筆者均希望能透過自性禪的研究，建立通路。

第二、希望本文能以自性禪為中心，為憨山禪學之本體論、工夫論乃至方法論之成立，搭設出各種可能的理論架構，並闡述其義理內涵。

第三、希望在涓滴成流的憨山思想研究領域中，本文至少消極方面，能有投石問路之效。如在積極方面，能發揮拋磚引玉的連鎖效應，引發學界對於憨山思想投以更多之關注，則更為筆者所樂見。

[註1] 徐頌鵬於 1979 年完成《中國明代佛教領袖──憨山德清的生平與思想》（"A Buddhist Leader in Ming China：The Life and Thought of Han-Shan Te-ching"）學位論文，並由賓州大學出版。其撰寫方式，除王煜所指稱之宗教哲學進路外，主要的研究方式是依憨山自己著述之《憨山老人自敘年譜實錄》為基礎，透過憨山之生平研究，整體性地統觀憨山的思想。以宗教哲學進路理解憨山，筆者並不反對，然而徐的研究方式，格局太大、範圍亦太廣泛，筆者自忖力不及此，故本論文乃退而守約，以自性之進路探討憨山禪學。

[註2] 這句話，在憨山所有教內經典注疏中，幾乎都曾出現過類似的用法。而單篇之文章，則主要見於〈答許鑑湖錦衣〉（見《憨山大師全集》卷七，嘉興大藏經第廿二冊，頁460）、〈春秋左氏心法序〉（見《憨山大師全集》卷十，嘉興大藏經第廿二冊，頁490）二文。

第一章　憨山自性禪思想之演變與成熟

第一節　少年時期——在家因緣與在寺房門因緣

　　依福徵疏述之《憨山老人年譜自敘實錄》載，憨山生母洪氏爲篤信觀音大士者，以夢大士攜童子入門而有娠，於明世宗嘉靖廿五年十月十二日丑時生子（即憨山），取名大美。由於周歲時瘻染風疾，幾乎死去，生母洪氏遂禱請觀音大士，將憨山寄名於邑長壽寺，因改乳名爲和尙。〔註1〕或許是母親的觀音信仰產生了潛移默化，也有可能是一種卓異於群儕的夙慧萌芽，使得憨山在七歲那一年就能夠藉叔父之死與其孀母之生子，而契會生死的問題；並且從中觀照死去生來之疑，成爲支持日後修行的一種動力！其後十歲那一年，之所以在生母督課甚嚴的情況下，猶能問出「讀書何爲」的問題，〔註2〕恐怕也還是這一個疑惑在翻轉而已。正因爲童蒙時期的環境允許發展如此的

〔註1〕見《憨山老人年譜自敘實錄》卷上，嘉興大藏經第廿二冊，頁799～800。依據北京全國圖書館文獻縮微複製中心，於1994年出版之《中國歷代禪師傳記資料匯編》（上）、（中）兩冊收錄之現存憨山傳記資料來看，仍以憨山自撰、弟子福徵疏註之《憨山老人自敘年譜實錄》（收錄於該匯編中冊，頁6～38，該版本與嘉興藏版本相同）最爲詳盡。而其他關於憨山之傳記資料，有錢謙益之〈憨山大師塔銘〉（上冊，頁628）、〈大明廬山五乳峰法雲禪寺前中興曹溪嗣法憨山大師塔銘〉（中冊，頁38），陸夢龍之〈憨山大師傳〉（分見中冊之P1與P47），以及吳應賓之〈曹溪中興憨山先師傳〉（上冊，頁633）諸文，它們的共通特徵，都是依據於《憨山老人自敘年譜實錄》而寫成。所以，筆者此處圈定以《憨山老人自敘年譜實錄》，做爲探討的中心。

〔註2〕見《憨山老人年譜自敘實錄》卷上，嘉興大藏經第廿二冊，頁800。

綺思，加以幾次親見生母虔誠供養行腳僧的情景，因此反而促成了憨山決意做天地間第一等自由自在人的動機。嚴大參〈肉身古佛中興曹溪憨山嗣祖三十六頌〉有「未曾得路事空王，便解鑽他煙裡光，燒卻三千大千界，死中覓活顯奇方」語，〔註3〕指謂的就是此一幼年時期，對生死疑團的早慧醒覺。我們以憨山後來的事蹟推驗，亦可證明：對於「死中覓活」如此死生之疑的追問，不僅不是一時的興起，更是其學思發展的主流。

嘉靖卅六年，十二歲的憨山，際逢金陵報恩寺西林和尚的因緣，〔註4〕終於決志追隨其左右，辭別雙親，開始步上做個自由自在人的旅途；在年譜中，憨山自己是這麼說的：

> 予十二歲，居常不樂。俗父為定親，立止之。一日，聞京僧言報恩寺西林大和尚有大德，予心即欲往從之。白父，父不應；白母，母曰：養子從其志，第聽其成就耳！乃送之。是歲十月至寺，太師翁一見，喜曰：此兒骨氣不凡，若為一俗僧，則可惜耳。時無極大師初開講於寺之三藏殿，祖翁攜往詣之；適趙大洲在，一見，喜曰：此兒當為人天師也。乃撫之，問曰：汝愛作官要作佛？予即應聲曰：作佛。趙公曰：此兒不可輕視，當善教之。〔註5〕

西林、無極、趙大洲三人，都是當時佛教僧俗輩中的龍象之才，從他們的應許肯定中，其實已經可以看出憨山的凤根早慧，確有卓犖群倫之處！

而根據年譜的記載，憨山於報恩寺中，可能前後還接受了六年的寺院行童教育，學習範疇則廣羅了佛家內典及一般儒生舉子通熟之四書五經、古文詞賦等等。這個時期的憨山，尚未披剃落髮，對於自己是否將走向「決志做出世事」的路，也還在躊躇猶豫；嘉靖四十三年（十九歲），就在憨山參加行部的行童考試前夕，當代禪門耆宿——雲谷和尚的出現，竟爾改變了憨山的一生！在嘉靖四十三年的年譜中，憨山這樣寫道：

> 予十九歲，因同會諸友皆取捷，有勸予往試者（即行童考試）。時雲谷大師，正法眼也，住棲霞山中，太師翁（即西林和尚）久供養，往來必留款旬月，予執侍甚勤，時聞其教。適雲大師出山，聞有勸

〔註3〕見《憨山老人年譜自敘實錄》卷上〈三十六頌〉，嘉興大藏經第廿二冊，頁798。

〔註4〕見《憨山老人年譜自敘實錄》卷上，嘉興大藏經第廿二冊，頁800。西林和尚即憨山《年譜》所謂太祖翁、太師祖。

〔註5〕見《憨山老人年譜自敘實錄》卷上，嘉興大藏經第廿二冊，頁800。

予之言，恐有去意，大師力開示出世參禪、悟明心地之妙，歷數傳
燈諸祖及高僧傳，命予取看。予檢書笥，得中峰廣錄，讀之未終軸，
乃大快，歎曰：此予心之所悅也！遂決志做出世事。即請祖翁爲披
剃，則盡焚棄所習，專意參究一事。〔註6〕

這段文字十分重要！憨山之願意「焚棄所習」、「決志做出世事」，乃係於雲谷
所開示的「出世參禪」、「悟明心地」法門，使憨山產生衷心的直覺嚮往！後
來，雲谷於萬曆三年（時憨山卅歲）圓寂，憨山曾撰

〈雲谷先大師傳〉一文，就十分感慨地說：

達摩單傳之道，五宗而下，至我明徑山之後，獅弦將絕響矣。唯我
大師，從法舟禪師續如線之味，雖未大建法幢，然當大法草昧之時，
挺然力振其道，使人知有向上事。其於見地穩密，操履平實，動靜
不忘規矩，猶存百丈之典型。遍閱諸方，縱有作者，無以越之，豈
非一代人天師表歟！〔註7〕

其實，禪宗之派系法統到了明末，已儼若膏肓殘燼，根本不復隋唐盛況；〔註8〕
因此，如雲谷之流，雖居臨濟傳承，卻能廣開接引之門、力圖恢復達摩祖風，
反倒自成了另一種「教外別傳」的潮流。實際上，當時的佛教界，也正處於宗
門內鬥、異學傾軋的紛爭當中。晚憨山數十年出家的蕅益智旭，曾向曹洞宗青
原系禪匠──無異元來參學數月，然而最後智旭仍黯然離去，依《靈峰蕅益宗
論》〈八不道人傳〉云，智旭於元來處「盡諳宗門近時流弊」，深體禪風淪落，「乃
決意宏律」！〔註9〕智旭的遭遇並不是一樁單獨的事件，它反映出來的是明末
禪學走向衰微的整體趨勢。透過這樣的認知，我們可以對上引憨山《雲谷先大
師傳》作如是理解：

第一、渡引憨山出家的禪僧雲谷，本身雖爲臨濟宗南嶽三十二世法脈，但與憨
　　　山間，始終未建立師弟傳承關係，洎致憨山之禪門法嗣，亦無從得知。

第二、以憨山心儀於雲谷「見地穩密，操履平實，動靜不忘規矩」的修證風
　　　格來看，對禪法之體驗，憨山較重視實際禪修的工夫論意義，而輕略

〔註6〕見《憨山老人年譜自敘實錄》卷上，嘉興大藏經第廿二冊，頁800。
〔註7〕見《憨山大師全集》卷十六，嘉興大藏經第廿二冊，頁549。
〔註8〕請參考本文第二章第三節「當時佛教宗門流弊」。
〔註9〕見《靈峰蕅益大師宗論》卷首，嘉興大藏經第卅六冊，頁253。蕅益智旭自謂
　　　其「八不道人」名號，係取法於《中論》、《梵網》「八不」之旨，〈八不道人
　　　傳〉成篇於智旭五十五歲時。

於宗門法脈。

第三、從憨山批評當時宗風爲「獅弦將絕響」、「大法草昧」，即可知憨山對當時宗門之陳規陋習，必多所不滿。

其中，（二）所強調之工夫參究，乃是一種實修實證的行動；這可視作憨山畢生之寫照。值得一提的是：憨山在寫《雲谷先大師傳》時，已爲而立之年，尚謙遜以執壺弟子自居，足見他雖亦洞知當時之禪門流弊，但對於雲谷所象徵的臨濟傳承，卻仍能不失敬意地予以尊重。這一點，若相較於智旭那種強烈地排拒嗣法派系的作風，可說已屬相當溫和；也許正是這樣的特質，讓憨山更容易於涵醞出游走三教的從容氣度。而也正因爲他重視實修體證，徒托空名的衣缽法嗣，在眼底當然亦不曾著意，更不會以宗門法裔自許，他看重視的是佛法的生活實踐，而非形式。

　　所以，隆慶五年，當廿六歲的憨山親眼目睹吉安青原寺院荒蕪、出家僧眾開緣蓄髮，遂慨然有興復佛門的念頭，《年譜》中，憨山如此言詞多亢地記載著：

> （隆慶）五年辛未。予二十六歲。同雪浪恩兄遊廬山，至南康，聞
> 山多虎亂，不敢登；遂乘風至吉安，遊青原，見寺廢，僧皆蓄髮，
> 慨然有興復之志！……冬十一月，即一缽遠遊。將北行時，雪浪止
> 予，恐不能禁苦寒，姑從吳越，多佳山水，可遊目耳。予曰：「吾人
> 習氣，戀戀暖暖。必至不可施之地，乃易制耳！若吳越，枕席間耳！」
> 遂一缽長往。

這裡我們看到：憨山北行五臺山之前，早已有振興佛教的心願。而他爲抗制自己「戀戀暖暖」的放逸情念，故意將自己投身於「不可施之地」，類此頭陀式的勇猛苦行，在明末四大師之中，可謂絕無僅有。〔註10〕如此外樸內剛、勵己甚嚴的個性，立即可見的部份，就顯露在他個人的靈修禪悟上面，尤其是二十六歲以後的十年苦行，更使憨山之生命層境躍升爲一個眞正的禪者。

第二節　青年時期——武當天臺因緣與臺山苦行因緣

　　憨山於《年譜》隆慶六年至萬曆十年中，詳細縷述了他個人深邃精微的

〔註10〕以上與雪浪交往及立志苦行的原委，見《憨山老人年譜自敍實錄》卷上，嘉興大藏經第廿二冊，頁802。

禪修經驗，聖嚴於《明末禪宗人物及其特色》文中，即曾針就這十年禪修，絕讚其爲中國禪宗史上第一人，在聖嚴文章裡，是這樣寫的：

> 憨山德清由於有其自敘年譜可據，讀來猶如現代銀幕的景觀，生動、活潑，充滿了眞實感的撼人力量。姑且不論憨山大師的悟境究有多深，對於一位禪者的定境、悟境的敘述，能有如此細微而明朗者，在中國禪宗史上，當可推爲第一。〔註11〕

這個「撼人力量」之所以撼人，實際上是來自於憨山篤實的修證體驗；而「生動、活潑」者，是指其憑藉禪者直截了當的自覺，由生命之動態處以抓住生命。底下我們便可透過《年譜》的四則記載，觀察憨山這十年中的禪修生涯：

1、（隆慶六年）十一月妙峰師訪予。至，師長鬢髮、衣褐衣。先報云：有鹽客相訪。及入門，師即問：還認得麼？予熟視之，見師兩目，忽記爲昔天界病淨頭也，乃曰：認得。師曰：改頭換面了也。予曰：本來面目自在。相與一笑。〔註12〕

2、（萬曆二年）九月至河東，會山陰王，遂留結冬。時太守陳公與妙師及予意甚勤，爲刻《肇論》中吳集解，予校閱。向於不遷論「旋嵐偃嶽」之旨不明，切懷疑久矣。今及之猶固然，至「梵志出家，白首而歸。鄰人見之曰：昔人猶在耶？志曰：吾似昔人非昔人也」，恍然了悟曰：信乎，諸法本無去來也！即下禪床禮佛，則無起動相；揭簾立階前，忽風吹庭樹，飛葉滿空，則了無動相；曰此旋嵐偃嶽而常靜也。至後出遺，則了無流相；曰此江河注而不流也。於是生來死去之疑，從此冰釋！乃有偈曰：死生畫夜，水流花謝，今日乃知鼻孔向下。明日妙師相見，喜曰：師何所得耶？予曰：夜來見河邊兩箇鐵牛相鬥，入水中去也，至絕消息。師笑曰：且喜有住山本錢矣！〔註13〕

3、（萬曆三年）予因溪上一獨木橋，日日坐立其上。初則水聲宛然，久之，動念即聞，不動即不聞。一日坐橋上，忽然忘身，則音聲寂然。自此眾響皆寂，不爲擾矣。予日食惟以麩和野菜，以合米爲湯送之。初，人送米三斗，半載尚有餘。一日，粥罷經行，忽

〔註11〕見聖嚴《明末佛教研究》第一章〈明末的禪宗人物及其特色〉，頁70。
〔註12〕見《憨山老人年譜自敘實錄》卷上，嘉興大藏經第廿二冊，頁802。
〔註13〕見《憨山老人年譜自敘實錄》卷上，嘉興大藏經第廿二冊，頁803。

立定不見身心，唯一大光明藏，圓滿湛寂，如大圓鏡；山河大地，影現其中。及覺，則朗然自覺身心了不可得。……自此內外湛然，無復音聲色相爲障礙，從前疑念，當下頓消。〔註14〕

4、（萬曆六年）予自住山至書經（憨山從萬曆五年春開始「刺血泥金，寫華嚴經」），屢有佳夢。初，一夕夢入金剛窟……見清涼國師倚臥床上，妙師侍立於左，予急趨入，禮拜立右。聞大師開示初入法界圓融觀境。……及覺後，自見心境融徹，無復疑礙。又一夕，夢自身履空上昇，高高無極，落下則見十方迥無所有，唯地平如掌，琉璃瑩徹，遠望唯一廣大樓閣。……見彌勒已登座……聞其說曰：分別是識，無分別是智；依識染，依智淨；染有生死，淨無諸佛。至此則身心忽空，但聞空中音聲歷歷。及覺，恍然言猶在耳也。自此識智之分，了然心目矣；且知所至乃兜率天彌勒佛閣耳。〔註15〕

聖嚴認爲憨山對於禪者境界的敘述，是「充滿眞實感」且「細微而明朗」，從上面四則文字，即可略窺端倪。讀覽這幾則敘述性的文字時，前提上我們應該知道：憨山在這裡面所解悟的，實際上乃是一種觀照的生活。所以，它的重心本來就不在教觀學理上的兔毛詮索；而在乎強調吾人之心靈世界，如何能展示自我本來面目、並趨悟於圓滿自性的歷程。引文（一）中，當憨山乍見妙峰鬍髮褐衣出現眼前，問以「還認得麼」時，憨山能信口答以「本來面目自在」，就是一種內面生命充份浸蘊於般若觀照的例示。又（二）之中，憨山藉《肇論》「旋嵐偃嶽」而悟「諸法本無去來」旨趣，此亦由觀照萬法緣生及自性畢竟空的體驗所助成，《年譜》內這樣的敘述非常多，足可證明憨山懾人心神的禪悟境界，確有很大的成份是得力於空觀的實踐。前面曾經說過，他的出家，原是出於爲了要解破生死疑團的嚴謹決定；憨山一直希望過的，是「自由自在人」那般寧靜不擾、怡然自適的生活！依照《年譜》敘述判斷：隆慶六年（廿六歲）以前，憨山對內心世界之追體驗過程，似仍處於摸索階段，未眞正抓到著力處；然而，入臺山苦行之後，簡潔純易的山中生活，逐漸刊落「戀戀暖暖」的習氣慣性，憨山終於發現：其實過去所有疑情困惑的解答，關鍵就在自己的心念。

〔註14〕見《憨山老人年譜自敘實錄》卷上，嘉興大藏經第廿二冊，頁804。
〔註15〕見《憨山老人年譜自敘實錄》卷上，嘉興大藏經第廿二冊，頁806。

文（三）裡，憨山就特別以每日坐立獨木橋上聽水聲的例子，闡示他「動念即聞，不動即不聞」的親身體驗。

所以，這個時期的憨山，如果要說「充滿眞實感」，是指他不隸從於一般人的頑梗習性，而落實生活上的觀照；如果要凸顯其「細微而明朗」，則應是指他對於「心念」那種洞微知著的明銳觀察。

不過，依據《年譜》的說法，憨山圓熟融攝心念，用無執無惑之態度去照察每一個起心動念，此時之憨山在佛法實踐上，或許是因爲已經找到其以應無窮的環中道樞的緣故，欣喜自得之餘，竟得禪病，「凡曾入目者，一時現前，逼塞虛空，即遍身是口，亦不能吐，更不知何爲我之身心也」。〔註16〕上引（四）之文，憨山言及「識」（分別心）、「智」（無分別心）之分，假如我們不以彌勒夢示天啓的立場看待，那麼，識智染淨的體悟，其實也可視作憨山超克禪病之後的當下證量。文（二）憨山印證於妙峰之「夜來見河邊兩箇鐵牛相鬥」語，所指謂的也是分別心與非分別心的問題，只是在（四）中，悟境更臻深化、且更能心行相應罷了，因此《年譜》言其「屢有佳夢」，應非憨山肆意之囈語誑言，因爲從日思夜夢的角度衡觀，即令是夢境，對憨山而言，仍具第一義諦的眞實價值。

萬曆十一年，卅八歲的憨山，已儼然一位禪門尊宿般，他爲神宗開無遮大會，鞠瘁心力祈求嫡子順利誕生一事，〔註17〕深得當時太后（神宗生母）賞識；而且在臺山的一番「大修行大證悟」，〔註18〕也使他的聲名飲譽海內。然而，就在同一時間，朝廷內的一場宮闈紛爭卻已經慢慢地展開了。據《明史》載，神宗當時另專寵於鄭妃，而鄭妃爲了鞏固自己的地位，竟設計逼害太后一派，並鼓說神宗廢嫡立庶。〔註19〕這一事件之發展，到了最後株連甚廣，憨山在萬曆廿三年，就被冠上私建佛寺的罪名，敕令流放雷陽（雷州半島）。從憨山的《年譜》中，雖然看不到這一事件的任何相關記載，但憨山於

〔註16〕此見於萬曆四年事，憨山是因爲正法光禪師的提醒，才警覺自己有禪病。見《憨山老人年譜自敍實錄》卷上，嘉興大藏經第廿二冊，頁805。

〔註17〕爲神宗祈皇嗣一事，主要記載於萬曆九年事之中，當時主持祈嗣法事者，除憨山外，尚有大方、妙峰二人。見《憨山老人年譜自敍實錄》卷上，嘉興大藏經第廿二冊，頁807。

〔註18〕「大修行大證悟」係福微尊崇乃師證量之按語，此見於萬曆十年事。《憨山老人年譜自敍實錄》卷上，嘉興大藏經第廿二冊，頁808。

〔註19〕關於這段史實，請見張廷玉《明史》卷一百十四，「列傳」之『后妃』二，頁3534～3536。

萬曆十一年，便屢以「大名虛聲」為苦，並選擇離開臺山，避名「東海之上」；〔註 20〕而對於所有來自太后的施資供養，均以「矯諭濟饑」、「因賜濟饑」的方式巧妙迴避之；可能他對於宮廷鬥爭的事，並非完全不知情。

　　那麼，究竟萬曆十一年以後的十年間，憨山如何渡過他「東海之上」的隱居生活？本文緊接著，就從牢山時期進行。

第三節　壯年時期——牢山慈壽志興寺因緣、曹溪中興因緣

　　所謂「牢山」，位於即墨縣海濱，憨山早年讀清涼澄觀《華嚴經疏》就已經知道：東海之濱的牢山，是修行聖地——那羅延窟的所在。《年譜》中，關於牢山之描寫，極盡振奮而愉悅：

> 予初因閱《華嚴疏》〈菩薩住處品〉，云東海有處名那羅延窟，從昔以來，諸菩薩眾於中止住。清涼疏云：梵語那羅延，此云堅牢，即東海之牢山也，禹貢青州登萊之境，今有窟存焉。予因慕之，遂特訪。至牢山，果得其處，蓋不可居。乃探山南之最深處，背負眾山，面吞大海，極為奇絕，信非人間世也。地名觀音庵，蓋古刹也，唯廢基存焉。考之，乃元初七真出於東方，假世祖威福，多佔佛寺改為道院。及世祖西征回，僧奏聞，命多恢復；唯牢山僻居海上，故未及之耳，然皆廢矣。予喜其地幽僻，真逃人絕世之所，志願居之。……入山期年，人無往來，心甚樂也。〔註 21〕

最初落腳的地方，是牢山的觀音庵（後憨山將之修葺為海印寺）。雖然是傳言「菩薩眾於中止住」的聖蹟，但荒僻太久，復加以前朝道教方士曾經改佔為道院；所以，憨山等於來到了一個百廢待舉、絕無佛法的邊地。但是，這反倒符契憨山澹泊不爭的個性，牢山的「其地幽僻」、「人無往來」，竟成了憨山

〔註20〕見《憨山老人年譜自敘實錄》卷上，嘉興大藏經第廿二冊，頁 808。此為萬曆十一年事。憨山也是在隱居東海之後，才易號為「憨山」的；避名東海以前，憨山一直都以「澄印」的名號自稱。而大陸學者張力《中國十大高僧》，則提出了與本文論調完全兩極的看法，他認為「德清的熱情，主要出自於他對名利的追求。這就決定了他所扮演的角色，只是一個追求名利的政治僧人」，對於這種偏約取向的論斷，筆者並不贊同。張氏語見該書 P224。

〔註21〕見《憨山老人年譜自敘實錄》卷上，嘉興大藏經第廿二冊，頁 808。

樂在其中的主因；而著名的《觀老莊影響論》、《楞嚴懸鏡》，就都完成於這個時期。〔註22〕

不過，也正因爲觀音庵曾經爲方外黃冠佔用，而憨山之駐錫該地，又直接間接地攝化了不少本來崇奉三清的道徒信士，遂埋下了萬曆十八年「狂徒殺僧」事的種子；底下，節引《年譜》二則云：

1、（萬曆十三年）東人從來不知僧……外道羅清者，乃山下之城陽人，外道生長地，故其道遍行東方，絕不知有三寶。予居此攝化久之，凡爲彼師長者，率徒眾來歸；自此始知有佛法，乃予開創之始也。〔註23〕

2、（萬曆十八年）時有欲謀道場者，乃構方外黃冠，假稱佔彼道院，聚集多人，訟於撫院。時開府李公先具悉其事，痛恨之，乃送萊州府，窮治其狀；予親聽理，力救之。彼無賴數百人，作鬧於府城，有匡人之圍。時有隨侍二人，予斥之他往，乃獨徐行。其中爲首一人，持刃鼓舞予前，欲見殺；予笑視之曰：爾殺人，何以自處？其人氣索，即收刀……狂眾疑彼爲首者有利於予，即欲毆之。予默計彼眾一鼓，其人危矣；奈何乃躊躇將別，即拉狂者，同至寓所，閉門解衣，磅礴談笑自若，取瓜果共噉之。時滿市喧云：方士殺僧矣！太守聞之，即遣多役併捕之，彼眾惶懼，皆叩首求解免……及至，太守問曰：狂徒殺僧耶？予曰：未也，來捕時，僧方與彼爲首者，同食瓜果耳。守曰：何以作鬧？予曰：市喧耳。〔註24〕

東海在當時確實是沒有佛法蹤影的，「東人從來不知僧」、「絕不知有三寶」，有的僅是道教的術數方說在流行。憨山其實並不反對道家思想（在《觀老莊影響論》中，甚至還認許老莊之形上智慧，以爲其有輔弼釋門內學的功用），但他對於道教則非常之排拒。原因可能並不是《年譜》所提「外道羅清」這個簡單的理由，而是牽扯到元明以來烏斯藏（西藏）密法與中國道教方術夤緣登進、竄亂朝政的大時代因素；〔註25〕且剴實言之，東海佛法之沒落，對於憨山那一個

〔註22〕《楞嚴懸鏡》是完成於萬曆十四年，《觀老莊影響論》則是成稿於十八年。
〔註23〕見《憨山老人年譜自敘實錄》卷上，嘉興大藏經第廿二冊，頁809。
〔註24〕見《憨山老人年譜自敘實錄》卷上，嘉興大藏經第廿二冊，頁810。
〔註25〕在明代，道教全真派末流以進男女歡愛祕藥，得寵於明世宗；而自永樂帝始，即有烏斯藏白教葛瑪葛舉大寶法王的雙修密法，傳播於宮廷之中。

時代的社會信仰之事實言，僅影射冰山一角耳。與憨山約莫同時的李贄，在寫〈李中谿先生告文〉時，就對當時社會上那種崇奉服食灌頂的宗教取向，大表不滿，而有「勿謂服食長生可冀」、「勿謂灌頂陽神可出」的詰疑。〔註26〕近人楊啓樵於《明代諸帝之崇尚方術及其影響》文，亦曾詳細論述明室因溺事神道、崇信方術，嚴重影響及政治、律法、經濟、民生，洶致國勢頹廢不振，亡其社稷的前因後果。〔註27〕而前面我們也提及，其實憨山早於隆慶五年，即有「興復之志」，當時是因為他親見吉安青原寺滿眼瘡痍、寺院潦落而立誓興復；如今，他目睹那羅延窟之荒涼，更加確認了他的想法！

而實際上，如果我們仔細留意《年譜》裡，萬曆十一年至十七年的記載，我們便很容易體會到憨山積極攝化牢山人民的苦心孤詣。單從憨山日常往來的人物分析，除去四方衲子外，絕大多數都是士子儒生與塵井凡夫，而憨山似乎也很熱衷於向他們講述佛學，並且儘可能配合他們的要求，應機與藥。這個作法，自然吸引不少請益問學的人前來，甚至到最後，連原本身穿緇黃卦袍的道士們，也蠲除自己的成見，「凡為彼師長者，率徒眾來歸」。這樣的盛況，看在早先握持地方信仰優勢、心態卻執拗不化的羽士道徒眼底，自然心中不是滋味。再加上萬曆初年的張居正變法，許多原先漏報而免賦的道觀私產，均在全國性大規模的土地丈量，與地籍黃冊的重整之後現形，或者收編為國有地，或者增課賦稅；這造成了許多人連原來的棲身之所都成了問題，而自己平日生活所依賴的信徒供養，現在又頻生枝節。因此，這些人一旦受有心者挑弄，很容易便情緒激亢而失去理性。2、的敘述，尚且是憨山垂暮之年，以追憶的口吻寫出來的，實際的情形，可能比《年譜》文字上的敘述，還要嚴重。李光璧《明朝史略》中，對於這段時期的土地歸併問題與「一條鞭」政策下所引發的流民暴動，就有十分清楚的探討。〔註28〕

而憨山在整個事件中，自始則都以一個冷靜的智慧和同體的悲心，貫徹他自己的立場和角色。最耐人尋味的是：被後世學者公認為具有會通三家思想的名作——〈觀老莊影響論〉，竟然就完成於萬曆十八年。

在這篇長文中，憨山順著自性本體之「唯心識觀」，〔註29〕第一次對儒釋

〔註26〕見李贄《焚書》〈李中谿先生告文〉，頁143。
〔註27〕見楊啓樵《明代宗教》《明代諸帝之崇尚方術及其影響》文，頁212。
〔註28〕請參見李光璧《明朝史略》第五章〈嘉靖至天啓時期統治階層的腐朽、黨派紛爭、土地兼併、賦稅的增加和民變的新發展〉，頁133～157。
〔註29〕「唯心識觀」也就是「三界唯心，萬法唯識」的觀法。然而，就憨山禪學體

道三家的長期爭衡，吐露他個人的心聲，他說：

> 余幼師孔不知孔，師老不知老；退而入於深山大澤，習靜以觀心焉，
> 由是而知三界唯心，萬法唯識。既唯心識觀，則一切形，心之影也；
> 一切聲，心之智也。是則一切聖人，乃影之端者；一切言教，乃響
> 之順者，由萬法唯心所現。故治世語言資生業等，皆順正法；以心
> 外無法，故法法皆眞。〔註30〕

當日府城之前，被帶頭作闇者以性命威脅，也許正是促發憨山「一切形，心
之影也；一切聲，心之智也」這種博縱寬容的心識觀，早日成熟的原因之一。
憨山弟子福徵於憨山圓寂後，爲乃師萬曆十八年事作疏證時，亦云：

> 憨祖作此八論（按：〈觀老莊影響論〉係由八篇短文組合而成）時，
> 恰與道士解難，豈亦和合三教之寓言乎！宜道士之無怨也。〔註31〕

〈觀老莊影響論〉所提出的唯心識觀是否眞能恰當「和合三教」？恐仍須考
量斟酌。但憨山挺身「與道士解難」、「宜道士之無怨」語，則應無疑義。

之後，萬曆廿年，憨山前往京城西郊潭柘寺，拜訪了當時守奉石經佛骨的
達觀（紫柏），《年譜》稱「與達師相對盤桓四十晝夜，爲生平之奇」。〔註32〕
後來，憨山寫〈徑山達觀可禪師塔銘〉時，也提到這一次的會面，作這樣的描
寫：

> 同居西郊園中，對談四十晝夜，目不交睫，信爲生平至快事。……
> 師與予計修我朝傳燈錄；予以禪宗凋敝，與師約往濬曹溪，以開法
> 脈。〔註33〕

兩人在潭柘寺，已有共同編修當朝傳燈錄的計劃，憨山並感嘆於禪門之凋敝，
而曹溪——祖師禪的源頭，如今已宗風淪沒、乏人聞問。二人皆認爲欲要振興
禪門，必須先濬清禪源，因此遂相約共往曹溪寶林，興復道場、延續法脈。兩
個人都是夙懷佛教復興大志的人物，這四十天的聚首，毋寧是投契而快意的，
不僅增加了彼此的愛賞憐惜，二人生死與共的感人情誼，亦因之更形穩固！

系言，其「唯心」是以《楞伽》、《楞嚴》、《起信論》之「眞常心」爲義涵，
其「唯識」則主宗染淨同依的賴耶緣起說。所以，其「唯心識觀」是架設在
如來藏的眞常系統之上，與傳統的唯識學並不相同。

〔註30〕見《憨山大師全集》卷卅〈觀老莊影響論〉之「論心法」，嘉興大藏經第廿二冊，頁644。
〔註31〕見《憨山老人年譜自敘實錄》卷上，嘉興大藏經第廿二冊，頁811。
〔註32〕見《憨山老人年譜自敘實錄》卷上，嘉興大藏經第廿二冊，頁811。
〔註33〕見《紫柏老人集》卷首〈徑山達觀可禪師塔銘〉，嘉興大藏經第廿二冊，頁162。

　　然而，憨山的生命方向，才剛開始要從過去牢山的隱逸生涯轉出，卻旋於萬曆廿三年官符纏身，被誣入獄。原來，當初鄭貴妃一派，即因為祈儲案而懷恨憨山，剛巧海印寺又牽扯了道院舊產的問題，於是鄭貴妃一派便指使當時的東廠行役矯扮道士，「擊登聞鼓以進」，〔註34〕誣稱憨山侵佔。神宗因此震怒，立刻下令將海印寺夷為平地，並繫捕憨山入獄。這個事件，對憨山紫柏重建曹溪祖庭的行動言，無疑乃嚴重打擊。隔年，憨山發解經過韶陽，曾請求進入曹溪禮拜謁六祖，在後來的《曹溪中興錄》裡，寫下這段回憶：

> 近代以來，祖道衰替，叢林凋散，先聖垂訓蔑然無知。如我六祖曹溪，為禪宗之源，叢林為天下冠，香火供養不減在昔，而常住破壞至極，僧徒愚迷癡蠢，不知其為何物也。余因弘法罹難，蒙恩遣嶺外，於萬曆丙申春二月，謁六祖大師，睹其道骨儼然如生，而山門寥落之甚，殆不堪看。為之徘徊泣下者久之。且僧徒被害，官司勾牽，急如星火，日夜追逼，傾家賣產者過半，以致祖庭廢墜，幾如埽地矣。〔註35〕

不僅憨山有「祖庭廢墜」之感傷，即連英氣勃發的紫柏，在天池獲悉憨山入獄消息後，亦有「曹溪之願未了也」〔註36〕的歎息。所以，實際上最初曹溪的祖庭重建行動，便在憨山蒙難遣戍之後，由紫柏一人獨力承擔。萬曆廿三年，紫柏於金陵旅泊庵中，與身繫囹圄的憨山把臂話別，憨山於《年譜》如是記載：

> 師（紫柏）意欲力為白其枉。予曰：君父之命，臣子之事，無異也，況定業乎？師幸勿言。臨岐把臂曰：在天池聞師難，即對佛許誦法華經百部，以保無虞。我之心，師之舌也。〔註37〕

憨山頗感念紫柏佛前「許誦法華經百部」的情誼、對於紫柏「我之心，師之舌也」的期許，流放雷陽期間，未曾時刻或忘，果然於萬曆廿六年的夏天，憨山應雷陽從遊弟子請求，開講法華，並由弟子性澄集結成《法華擊節》書，〔註38〕至此總算不負知友的一番恩德。

　　而且，憨山因弘法罹難，在時人眼中，本來就抱持同情護持的態度看待。所以，憨山之被遣戍嶺南，事實上並沒有受到刁難，反而是他高德尊宿的形

〔註34〕見《憨山老人年譜自敘實錄》卷上，嘉興大藏經第廿二冊，頁811。
〔註35〕見《憨山大師全集》卷卅七〈曹溪中興錄〉上篇，嘉興大藏經第廿二冊，頁688。
〔註36〕見《憨山老人年譜自敘實錄》卷上，嘉興大藏經第廿二冊，頁812。
〔註37〕見《憨山老人年譜自敘實錄》卷上，嘉興大藏經第廿二冊，頁812。
〔註38〕見《憨山老人年譜自敘實錄》卷下，嘉興大藏經第廿二冊，頁814。

象，不斷在所有親近他的人之間形成口碑。其中亦不乏因為瞭解了憨山紫柏興復曹溪的悲願，而傾全力協助其完成的，這裡面便包括了當時的南韶觀察使祝悺存。於是，萬曆廿八年七月，就在祝悺存上表奏請朝廷，核允憨山飛錫曹溪的情況下，憨山有了一個衙轉的機會，以待罪之身重返曹溪，「為六祖奴郎矣」。〔註39〕於《曹溪中興錄》中記載，憨山為圖道場長遠計，嘗積極策立十種恆規，以為僧徒謹守勿失的依據，其內容分別是：（一）培祖龍以完風氣；（二）新祖庭以尊瞻仰；（三）選僧行以養人才；（四）驅流棍以洗腥臭；（五）復產業以安僧眾；（六）、嚴齋戒以勵清修；（七）清租課以禆常住；（八）免虛糧以蘇賠累；（九）復祖山以杜侵占；（十）開禪堂以固根本。〔註40〕這些恆規，延襲了三百多年，至今仍懸刻於曹溪堂壁之上，足見憨山當年重建曹溪時，確實是以架構一永久性叢林道場，而凝注其心力的。

不過，就在祖庭重建得以破屯艱而興起之際，紫柏卻在萬曆卅一年，因弟子沈令譽一封信的株連，而銀鐺入獄。〔註41〕由於紫柏在那封信中，透露了對朝廷否塞宗門、放逐憨山的不滿，遂為奸小所趁，藉機讒言，「時忌者乘白簡劾師（紫柏），師竟以是罹難」。〔註42〕憨山因為是這件事的主角之一，當然亦難倖免，立刻又被遣返雷陽戍地。而生性豪俠的紫柏，面對笞楚拷訊，竟然就輒以三件未了的心願（即所謂「三負」）直陳胸臆，並以之充當一切的呈堂供詞，依憨山〈徑山達觀可禪師塔銘〉云，紫柏係作如是言：

> 老憨（即憨山）不歸，則我出世一大負；礦稅不止，則我救世一大
> 負；〔註43〕傳燈未續，則我慧命一大負。若釋此三負，當不復忝王
> 舍城矣。〔註44〕

除了礦稅問題是牽涉到對當時稅制的反彈外，其餘兩大負都與憨山息息相關。雖然面對著刀鋸鼎鑊，紫柏依然心繫當年與憨山在潭柘寺中的約定。所

〔註39〕見《憨山老人年譜自敘實錄》卷下，嘉興大藏經第廿二冊，頁814。
〔註40〕語見《憨山大師全集》卷卅七〈曹溪中興錄〉上篇「興復曹溪規約」，嘉興大藏經第廿二冊，頁686～693。
〔註41〕見《紫柏老人集》卷首〈徑山達觀可禪師塔銘〉，嘉興大藏經第廿二冊，頁163。
〔註42〕見《紫柏老人集》卷首〈徑山達觀可禪師塔銘〉，嘉興大藏經第廿二冊，頁163。
〔註43〕礦稅即開礦稅，明室因國庫空虛，遂以開礦為名，要求地方官員廣徵開礦稅，以補給邊關及宮廷龐大之開銷。
〔註44〕「王舍城」即釋迦住世時期停留最久的地方，紫柏謂不愧王舍城，就是表達其行為舉止不離於佛法之意。見《紫柏老人集》卷首〈徑山達觀可禪師塔銘〉，嘉興大藏經第廿二冊，頁163。

以，即使最後紫柏不幸死於獄中，他的精神仍鼓舞著憨山，持續努力於曹溪的復興大業。

以《年譜》的敘述來看，重建曹溪的進程，無疑乃充滿困難阻礙的，而之所以能衝脫一切桎梏，除了依仰二大師精誠鎔鑄的願力外，主要的衝轉關鍵，仍然是由於憨山的極力推動。尤其萬曆卅四年，朝廷大赦「在戍之老疾及註誤者」，憨山亦蒙赦開伍，可以再重回曹溪；〔註45〕自此至萬曆四十一年，憨山以他禪門尊宿之威望，一方面講述三教經論，廣開接引之門，一方面則又致力內部僧才教育、積極擘劃重建禪門祖庭的工程。福徵在憨山圓寂後，曾以乃師比況於惠能云：

> 盧祖（即六祖惠能）自黃梅至曹溪，避難匿跡於獵人隊中一十七載，
> 如薙髮於菩提樹下；憨祖之束髮從軍六載，即在曹溪亦冠巾說法也。
> 盧祖應韶州牧請，始與四眾千二百人，據座說般若，從此光流八表，
> 道被寰中；憨祖戍粵，得徇制臺各憲之請，移錫曹溪，頓使屠門酒
> 肆蔚為寶坊，緇白群集，攝折互用，大鑒道種，勃焉中興也。〔註46〕

以憨山為「大鑒道種」，視如六祖的乘願再來，並非溢美之辭。在時人眼中，憨山確實足以和惠能平起平坐！

第四節　晚年時期──匡山五乳法雲寺因緣、憨山寺肉身嗣祖因緣

萬曆四十二年，憨山六十九歲。這一年，神宗的生母，一輩子「信心喜捨」，人稱「佛老娘娘」的慈聖李皇太后殯天。〔註47〕為感念太后過去之恩詔布施，憨山離開曹溪赴京，參加其追薦報恩儀式；也順著這個因緣，開始了南嶽匡山東遊的新頁。

其實，自萬曆四十二年後，憨山的生命型態已經有極大的轉變。過去曾經為重建曹溪而徊徊徨徨的憨山，在祖庭規模已具、制度綱舉目張，一切都步上正軌後，如今他開始傾全力於著述；不論他駐錫何處，必定講學著述不輟，尤其是將他胸中成熟的義理，和盤托出。之前曾經有過的作品，現在多

〔註45〕見《憨山老人年譜自敘實錄》卷下，嘉興大藏經第廿二冊，頁817。
〔註46〕福徵語，見《憨山老人年譜自敘實錄》卷下，嘉興大藏經第廿二冊，頁819。
〔註47〕見《憨山老人年譜自敘實錄》卷下，嘉興大藏經第廿二冊，頁820。

半予以重整彙集，改用另一更加圓融的面目呈現出來。例如《楞嚴通議》、《法華通義》、《肇論註》、《起信略疏》、《性相通說》、《清涼疏鈔綱要》等著作，均先後完成於這一時期。值得注意的是：向喜簡易禪風而厭惡繁複名相的憨山，在晚年也著力於闡述百法名相之唯識理論；〔註48〕並在天臺與華嚴哲學的觀照下，選擇了禪淨調合的實踐路數。萬曆四十七年的《年譜》載，憨山自己曾依仿淨土初祖慧遠，於五乳峰閉關專心淨業、筆削華嚴：

> （己未）八月望，予閉關謝緣，效遠公六時，刻香代漏，專心淨業。
>
> 每念華嚴一宗將失傳，清涼《疏鈔》皆懼其繁廣，心志不及，故世
> 多置之。但宗合論，因思清涼乃此方撰述之祖，苟棄之，則失其宗
> 矣。志欲但取疏文，提筆大旨，使觀者易了，題曰《綱要》。〔註49〕

之所以願意以西方淨土爲自己晚年心力鍾注所在，一部份原因除了是蹈襲宋初永明延壽「四料簡」之禪淨雙修〔註50〕的傳統外，也深受同時期雲棲蓮池之倡導淨土信仰、天下景從的影響。所以，憨山晚年之生命型態，毋寧乃是晶結天臺、華嚴、禪、淨於其一體。這似乎亦頗足以象徵：晚明佛教內部各宗派之間正醞釀著一種跨越宗派的融合傾向；此與當時教外駸駸稱盛之「三教合一」論調，恰成微妙呼應。而也正因爲這個原因，形成憨山博綜當時所有宗派的超越性格；福徵認爲乃師不僅堪稱惠能再來，也同時兼具清涼、雲棲的身影，就是基於這樣的理解。

所以，在整體之衡觀下，憨山雖仍以直捷爽朗的禪者形象而特出，但其思想性格卻是豐富多元的。憨山圓寂後，蕅益智旭在〈敬讚憨祖曹溪影堂法像〉文中，就如此寫道：

> 掣電奔雷，德山臨濟；密用潛行，圍中海際。知之者謂是隻手擎天，
> 不知者謂是英雄蓋世。誰思其必處于非宗非教，即教即宗之間。終
> 不與時流同逝！〔註51〕

〔註48〕在《憨山大師全集》卷卅四有〈性相通說〉二篇（頁660～668），子題分別爲「百法論義」及「八識規矩」。乍看之下，很容易以爲憨山也蹈襲玄奘、窺基的慈恩家數，然其實憨山的唯識見解仍不脫於永明延壽的性相融會說，此於〈性相通說〉之序文內，便可清楚看出。之前本文亦有專節論述憨山之性相說。

〔註49〕見《憨山老人年譜自敍實錄》卷下，嘉興大藏經第廿二冊，頁824。

〔註50〕「四料簡」僅是托名永明延壽之作，實際上在永明《宗鏡錄》中並沒有此偈。而值得一提的是：雖然偈語鼓吹禪淨雙修的殊勝妙用，但依照其內容強烈的淨宗本位色彩來判斷，應出自明代淨土宗行者之手。

〔註51〕智旭文見於《憨山老人年譜自敍實錄》像贊，嘉興大藏經第廿二冊，頁797。

憨山「掣電奔雷」的禪者風度，雖然特立於時流，且「終不與時流同逝」。但由於他兼宗臺、賢、禪、淨，反倒予人以「非宗非教，即教即宗」的弔詭表象。王煜〈釋德清融攝儒道兩家思想以論佛性〉一文，則作如是言：

> 明代的和尚幾乎都是慧能的法裔，而且發揚五代末年至宋初的永明延壽所倡的禪淨雙修論。在理論方面兼宗天台、華嚴，在實踐方面兼修禪與淨土。中國的大乘佛學，遂將臺、賢、禪、淨四宗並列。
> 〔註52〕

這作爲對於憨山晚年思想性格之蓋棺論定，應是十分貼切的。憨山在家弟子翰林院侍讀吳應賓，在寫〈憨山大師塔銘〉時，也認爲憨山之「宗通之相」，正是其晚年生命型態的寫照。〔註53〕

而憨山最震懾世人的一幕，莫過其臨終的預知時至與肉身不化。天啓七年，錢謙益撰〈大明海印憨山大師廬山五乳峰塔銘〉時，曾記載如下：

> 天啓三年癸亥，宣化公赴召來訪，劇談信宿。公謂師色力不難百歲，更坐二十餘夏，如彈指耳！師笑曰：老僧世緣將盡，幻身豈足把翫哉？別五日，果示微疾。詔陽守張君來問，師力辭醫藥，坐語如平時。既別，沐浴焚香，集眾告別，危坐而逝。〔註54〕

觀照死去生來之疑，原本即是促使憨山決意披剃的主要動機，而他亦始終以「自由自在人」的理想，來成就其宗教實踐。即使今天我們不以宗教之立場觀察這件事，憨山在「世緣將盡」之際，能預知時至而瀟灑從容死去，也是絕異群倫的。這還不希奇，圓寂廿二年後，其坐缸肉身完好無故，〔註55〕與六祖惠能竟爾千古輝映，無怪乎時人會以曹溪惠能的乘願再來，看待憨山。

不過，若以憨山對整個中國明末思想界之影響程度觀之，則其地位之重要，不必假臨終這些近乎異象的宗教神蹟，依然會獲得學界公認。以學術史觀點論之，憨山晚年確實是對禪學作了一種更圓融的發揮：就系統外立場言，它靈活巧妙地將儒道等教外的思想吸納進來，晶結在禪悟的體驗上；而在系統內，它則透過禪教觀法之貫徹，消解臺、賢、禪、淨的傳統藩籬。於是，

〔註52〕王煜《明清思想家論集》〈釋德清融攝儒道兩家思想以論佛性〉，頁165。
〔註53〕吳應賓語見《憨山大師全集》卷四十之下，嘉興大藏經第廿二冊，頁718。
〔註54〕見《憨山大師全集》卷四十之下，嘉興大藏經第廿二冊，頁721。
〔註55〕關於坐缸開龕本末，記載最詳盡者，是憨山在家弟子劉起相，於崇禎十七年所寫之〈本師憨山大和尚靈龕還曹溪供奉始末〉一文。見《憨山大師全集》卷四十一，嘉興大藏經第廿二冊，頁724。

相對於陽明之新儒家發揚孔孟心學；憨山的禪門復興運動，也發展出新禪宗的潮流，在當時自然亦有一股不容忽視的影響力。道盛〈憨山大師全集舊序〉文云：

> 夫經世聖賢，尚能以身盡一代之事，以道開萬世之心；況我佛祖出世為人，以超生死性命之法，而化凡聖迷悟之心。其示現普門、感應異類者。豈不能續三世之慧燈，傳大千之種智乎？余於憨山大師見之矣。……余昔年見大師贊予壽昌先祖及撰塔銘，即突出大好山千里遙相見之句，已知與先祖把手共遊向上一路矣。至於平生說法著作，曲盡一代時教；始終本末，全體佛心，全行祖意。其提唱拈頌及指示偈語，曾何減於古人？曾何讓今人？天下後世自知師實祖位之人，不居祖位。豈可以師不自居，即為非祖位人乎！〔註56〕

道盛認為憨山雖然「不居祖位」，卻有「祖位」之實，因為在濬清禪源、提攜時人「向上一路」的成就上，憨山早已無愧於「續三世之慧燈，傳大千之種智」這樣的贊美，且衡諸當時經世聖賢之學，亦均絲毫不曾遜色！

〔註56〕見《憨山大師全集》卷四十一，嘉興大藏經第廿二冊，頁726。

第二章　憨山自性禪學所對應之
客觀現實因素

在這一章之中，本文希望透過各種不同面相的敘述，以廓清憨山禪學的時代背景。針對可能影響於憨山禪學之時代因素，本章設計出底下四個小單元，加以討論：

第一、是就「明末之政治現實與社會之趨勢」的層面來看，重點是集中在與憨山生卒年代相關的晚明政局以及社會實情上面。

第二、是從「明末三教環境」的層面來看，主要是以晚明儒釋道的時代特質為觀察的重點。

第三、是從「明末佛教宗門流弊」的層面來看，本文希望在這個層面上，能概略整理出憨山當時所直接面對之禪門通病。

第四、是就「憨山當時之禪學趨向」的層面來看，主要是在於敘述晚明禪門普遍形成的一些禪學風格。

依照這一順序，首先本文便從「明末之政治現實與社會之趨勢」開始。

第一節　明末之政治現實與社會之趨勢

憨山生於嘉靖廿五年，圓寂於天啟三年（請參見本文附錄），中間經歷了五個皇權的轉移，即：

世宗（嘉靖）——西元 1522～1566 年

穆宗（隆慶）——西元 1567～1572 年

神宗（萬曆）──西元 1573～1619 年

光宗（泰昌）──西元 1620 年

熹宗（天啟）──西元 1621～1627 年

五朝之中，皇帝多是不問朝政，委權小人的皇帝，所以，除了萬曆的前十年有張居正的改革外，不論在朝在野，都是一樣的渙散不經。因此，李自成在崇禎末年，能以風捲殘雲之勢，率亂民攻陷北京，是有因果可循的。底下，本節權分「政權中心之荒弛癱瘓與社會之動亂」與「晚明東林黨事件與礦稅紛爭」，概述明末之政治現實與社會趨勢。

一、政權中心之荒弛癱瘓與社會之動亂

明世宗登基之後，初期曾經推行了一些政治改革，如裁汰東廠錦衣三萬人、殺武宗佞臣江彬、錢寧，並督促地方詳勘各種皇莊、皇田，還地於民、減免百姓田租，一度曾經給予天下黎民以煥然一新的英明君王形象。但是，因為世宗本身就是以藩王入嗣帝位，當初能夠執掌皇權，主要就是得力於朝廷內閣官僚集團的擁戴，所以，世宗即位後，內閣的勢力不消反長，而且紛爭內鬥不斷。嘉靖十二年，嚴嵩取得內閣首輔地位，極力逢迎世宗之習道參玄，頗獲器重而大權在握，世宗自此不問朝政（後來在位最久的神宗萬曆，也是自萬曆十七年後，就日近女色馳獵，不問政事），明代的政權中心就隨之荒弛癱瘓了。

憨山生於嘉靖中期（嘉靖廿二年），當時朝廷中，正是唯嚴嵩馬首是瞻的時候，由於政權朝綱腐敗昏憒已極，根本無力抵抗外侮。倭寇侵擾與俺答的侵略，就一直是世宗年間的邊防困擾。嘉靖廿九年時，俺答大舉入寇京畿，北京便曾一度告急。而荒唐的是，嚴嵩竟然囑令明軍將領聽任俺答屠殺人民、蹂躪京城，直到俺答飽食離去，始終亦不願與之正面對抗，其置國家百姓於不顧的怯懦心態，簡直令人聞之髮指！

嘉靖末年，雖然嚴嵩在內閣傾軋中被褫奪權位，但當時國家的財政問題、邊防問題、百姓生計問題、公私有土地的問題，都已經累積了相當程度的危機，亟須加以改革。於是，穆宗隆慶六年掌內閣首輔的張居正，就積極振作，進行了十年（張居正當政時期為隆慶六年至萬曆十年）的大改革，以試圖挽救大帝國的危機。在進行改革時，除了首先整飭邊防、充實軍隊戰力之外，面對晚明層出不窮的社會動盪，張居正也提出一系列的新政，其中，萬曆九年的「一條鞭」政策，即屬犖犖大者。據《明史》78 卷〈食貨志〉載，一條

鞭原是一種簡化賦役征收的新措施，對於一向繁複沉重的地方征賦以及民丁徭役，確有減輕負擔的美意。但是，張居正去世之後，朝廷連續又加征了三次的軍餉，且視爲「定額」，人民的負擔就相形沉重了：

> 萬曆四十六年，遼東兵事興。李邦華乃議自貴州外敏增銀三釐五毫，得餉二百五十萬；明年復議益兵增餉如舊。又二年，再議增賦，復敏增二釐，爲銀百二十萬。先後三增賦，凡五百二十萬有奇，遂爲定額。〔註1〕

加派在一條鞭上的軍餉，事後就成爲年年必加的定額，百姓在不堪壓迫下，只好反抗了。黃宗羲在《明夷待訪錄》中，就曾經從明代兵制的弊端當中，透視這個問題：

> 有明之兵制，蓋三變矣：衛所之兵變而爲召募，至崇禎弘光間又變而爲大將之屯兵。衛所之弊也，官軍三百十三萬八千三百，皆仰食於民；除西北邊兵三十萬外，其所以禦寇定亂者，不得不別設兵以養之。兵分於農，然且不可，乃又使軍分於兵。是一天下之民，養兩天下之兵也。召募之弊也，如東事之起，安家、行糧、馬匹、甲仗費數百萬金，得兵十餘萬而不當三萬之選，天下已騷動矣。大將屯兵之弊也，擁眾自衛，與敵爲市。搶殺不可問、宣召不能行，率我所養之兵，反而攻我者，即其人也。有明之所以亡，其不在斯三者乎？〔註2〕

「東事之起」以後，大部份戰爭所需的行糧、馬匹、甲仗軍費，都來自加派的征賦上面，這已經讓天下人民爲之騷動了，又加上召募的軍隊紀律荒弛，四處流竄的逃兵成群爲盜、「流氛」四起，明朝的根基，終於爲之動搖：

> 崇禎元年，先是遼左用兵，逃軍憚，不敢歸伍，至是關中頻歲祲，有司不恤下。有白水王二者，糾眾墨其面、闖入澄城，殺知縣張耀采。由是府谷王嘉允、漢南王大梁、階州周大旺等，群盜蜂起，饑軍應之。此流氛之始也。〔註3〕

明思宗朱由檢雖然曾經力圖振作，極力挽救朱氏家業，但最後仍以自縊煤山收場，迫他走上這條路的，並不是流賊李自成，而是晚明以降，整個政權中心的荒弛癱瘓與社會的動亂。

〔註1〕　《明史》220卷，「列傳」之〈李汝華傳〉，頁5806。
〔註2〕　《明夷待訪錄》「兵制」一，《黃宗羲全集》第一冊，頁29～30。
〔註3〕　《明史》260卷，「列傳」之〈楊鶴傳〉，頁6725。

二、晚明東林黨事件與礦稅紛爭

　　而與憨山之被流放充軍息息相關的，則是東林黨事件與礦稅的紛爭。

　　如附錄所言，神宗皇帝之生母，崇信佛老之孝定李太后，〔註4〕曾懿令憨山在臺山為神宗建祈儲道場，後來神宗果於萬曆十年生子朱常洛。憨山因此名重京城，而為天下所倚重。但是另一方面，神宗佞妾鄭貴妃又旋於五年後生子朱常洵，且恃寵欲爭奪常絡之太子儲位資格。於是，「建儲」的問題，就演變成朝廷內閣大臣中兩派勢力角逐的重點，一派是親近鄭貴妃的浙派，以浙江寧波人沉一貫等為首，他們擁護朱常洵為太子；一派則是以諷議時政、不苟氣節自居的東林黨，以吏部郎中顧憲成等為首，主張依循正統，立長子朱常洛為太子。至於握有主要決定權的神宗，則因寵溺鄭貴妃的緣故，對東林黨徒頗有微詞、屢表不悅；再加上浙派之聲勢相倚、嚴批東林黨人；最後，東林黨徒失勢，「建儲」的問題便聽由鄭貴妃一派主使。而且，繼踵而來的，是一波接一波的整肅異己行動。憨山就是在東林黨失勢之後，這種株連定罪的背景底下，被降罪流戍於嶺南十餘年。

　　黃宗羲《子劉子行狀》也記載了萬曆晚年，益府冊封副使劉宗周，上書勸立長子朱常洛為太子的一段文字：

> 陛下深居宮禁，務與臣下隔絕，雖皇太子至親，未嘗宣召寢門。春秋鼎盛，講席不設，托之阿保之手。豈陛下之所厭者賢士大夫，復推之而于皇太子亦厭之耶？陛下之所狎者宦官宮妾復推之而使皇太子亦狎之耶？〔註5〕

而在劉宗周回憶中，東林黨人的遭遇則多半是「卒搆逆璫之禍以死」：

> 萬曆之季，高攀龍講紫陽之學，世以東林名，卒搆逆璫之禍以死。……
> 朝處一人焉，坐之曰黨；暮去一人焉，坐之曰黨。猶以為未足，特

〔註4〕連瑞枝〈錢謙益的佛教生涯與理念〉一文，曾說道：「明末崇佛最著名的，就是萬曆皇帝的母親孝定李太后。她在宮中將自己的塑像作成九蓮座，並自稱九蓮菩薩。當時相當順從母親的萬曆帝，也因而對佛教相當的敬重。朝中臣宦亦然。一時之間，京城佛寺大盛。光是宛平一地，就有寺院二百一十二座，庵一百四十座。而紫柏大師、憨山大師也是因為聖慈的關係，被詔入宮。憨山大師以一代佛教高僧的地位，被封五台山建祈儲道場；紫柏大師修方冊藏等。他們都由慈聖太后個人的肯定，而促進其佛教改革事業的。所以，孝定李太后在明末佛教界的地位，尤為重要。」這位孝定李太后，後來就被民間稱為「佛老娘娘」。連氏語見《中華佛學學報》第7期，頁359。

〔註5〕《子劉子行狀》卷上，《黃宗羲全集》第一冊，頁209。

設四面之網，使天下之人，不出於假道學，則出於假事功；不出於
假忠義，則出於假氣節。〔註6〕

在東林黨被整肅時，只要任何人被套上「東林」二字，都可以被借題發揮，
而構陷入罪。其中，最典型的，莫過於熹宗天啟年間，宦官魏忠賢之繫捕東
林黨著名領袖楊漣、左光斗等人，迫使楊左諸人慘死獄中。〔註7〕且魏忠賢還
進一步以剿滅東林之名，搗毀全國大小書院，讓東林黨在民間維續的知識份
子之一線清流，也被斬斷。

此外，與東林黨事件關係密切的，則是萬曆中期的礦稅問題。萬曆廿四
年起，朝廷派出了許多礦稅監人員，他們的工作並不是負責實際上的開礦或
收稅，而是對民間進行肆無忌憚的搜刮劫掠：

礦不必穴，而稅不必商。民間丘壟阡陌，皆礦也；官吏農工，皆入
稅之人。〔註8〕

如此一來，社會上貧富盡傾、工商交困，人民無法正常安居樂業，最後只好
加入流民，演為民亂了。與憨山有莫逆交情的達觀紫柏，曾在入獄之後感喟
人生三負（見本文附錄），其中一負，便是對礦稅所發出的憤怒。萬曆廿七年，
東林黨人李三才上書謂：

陛下愛珠玉，民亦慕溫飽；陛下愛子孫，民亦戀妻孥。奈何陛下欲
崇聚財賄，而不使小民享勝斗之需？欲綿祚萬年，而不使小民適朝
夕之樂？……近日奏章，凡及礦稅，悉置不省。此宗廟存亡所關。
一旦眾叛士崩，小民皆為敵國。風馳塵驚、亂眾麻起，陛下塊然獨
處，即黃金盈箱、明珠填屋，誰為守之？〔註9〕

事實上，李三才的陳言，並沒有被看重，反而還因此罷官歸鄉。但是，礦稅
的問題，卻不幸被三才言中，後來就成為朝廷「眾叛士崩」、民間「亂眾麻起」
的致命因素。

羅麗馨於〈明代內閣制度〉文，曾說道：

〔註6〕《子劉子行狀》卷上，《黃宗羲全集》第一冊，頁218～219。
〔註7〕黃宗羲對明代宦官之為禍，批判最為剴切，他說：「奄宦之禍，歷漢唐宋而相
尋無已，然未有若有明之為烈也。……漢唐宋之奄臣，乘人主之昏而後可以
得志；有明則格局已定，牽挽相維。以毅宗之哲王，始而疑之，終不能舍之，
卒之臨死而不能與廷臣一見。其禍未有若是之烈也！」，語見《明夷待訪錄》
「奄臣」上，《黃宗羲全集》第一冊，頁44。
〔註8〕《明史》237卷，「列傳」之〈田大益傳〉，頁6170。
〔註9〕《明史》232卷，「列傳」之〈李三才傳〉，頁6061。

> 有明皇帝，始終以殘殺樹威，視臣民有如奴才，不尊重其人格。……
> 孟子嘗言：「君視臣如草芥，則臣視君如寇讎。」臣若不見親且信焉，
> 雖真儒，安所宣其效哉？是以國之存亡，繫乎君之仁與不仁而已。
> 〔註10〕

明神宗對東林黨人的輕賤不重視，使得身邊的「真儒」個個求去，而逢迎小人則與日俱增，文臣武將率皆以阿腴文飾為務。萬曆一朝，武將之敗壞，實繁不勝舉。黃宗羲《明夷待訪錄》「兵制」三，即指出：「萬曆以來之將，掩敗飾功，所以欺其君父者，何所不至，亦可謂傾危矣。乃止能施之君父，不能施之寇敵。」〔註11〕而文臣之不務實際、腹笥甚窘，也是不爭的事實，如《明史》252 卷〈王應熊傳〉即云：「崇禎初，應熊上言：陛下焦勞求治，何一不信任群臣，群臣乃不肯任勞任怨。且自神宗以來，士習人心，不知職掌何事；有舉會典事例以告者，反訝為申韓刑名！」，〔註12〕如此一來，「君不君，臣不臣」，這個皇朝當然會更快地走向滅亡。

以上，我們已從「政權中心之荒弛癱瘓與社會之動亂」與「晚明東林黨事件與礦稅紛爭」中，大抵瞭解了一些關於憨山的時代背景。但是，這亦僅只是很粗略的背景介紹，對於實際醞釀其禪學思想的時代因素，諸如明末之三教環境、當時整個禪學的傾向等問題，我們其實都尚未觸及。所以，為了要更全面性地探討憨山自性禪學的時代背景，底下本文緊接著由「明末三教環境」繼續。

第二節　明末錯綜複雜的三教環境

明代禪學，雖已不復惠能時期風貌，但在三教問題上，卻仍舊延襲晚唐以來的禪門發展特色，也就是依然採行互容兼攝的態度，去面對來自儒、道的衝擊。而實際上，面對傳統的儒道體系，中國佛學在發展伊始，就已歷經了一連串的吸納轉化，著名的「格義佛學」時期，乃至般若思想發展為「六家七宗」之過程，或初期禪宗在南方發展為玄學化之牛頭禪與石頭禪〔註13〕

〔註10〕語見羅麗馨〈明代內閣制度〉中興大學文學院文史學報第 6 期，頁 155。

〔註11〕見《明夷待訪錄》「兵制」三，《黃宗羲全集》第一冊，頁 35。

〔註12〕見《明史》252 卷，「列傳」之〈王應熊傳〉，頁 6529。

〔註13〕釋印順於《中國禪宗史》第九章〈諸宗互抗與南宗統一〉認為惠能、神會以降的南方佛法，多受到玄學的影響，視參禪為「參玄」。其中，石頭希遷之〈參

等，均在在證驗了三教之間互需互動但又各自圓足、互不相妨的微妙關係。不過，此處筆者無意於對此做詳細的歷史事件敘述，僅以明末佛教所身處之三教格局，進行底下四個子題的闡述。

一、以陽明學爲中心之明末儒學

　　繆天綬〈《明儒學案》新序〉曾依明代儒學之派別與發展時間，分明儒爲三期，即（一）初葉——述朱期；（二）中葉——王學盛期；（三）末葉——王學修正期。〔註14〕其中，所謂「述朱期」係指明代弘治以前的程朱理學，基本上仍承襲宋代程朱理學「格物致知」、「明善誠身」的架構，並以「性即理」區隔於陸九淵之心學；代表人物有金華學派的方孝孺，崇仁學派的吳康齋、胡敬齋、婁一齋，河東學派的薛敬軒以及江門學派（又名白沙派）的陳白沙。〔註15〕而所謂「王學盛期」，顧名思義即知是指明正德以後，王陽明心學高舉「致良知」、「心即理」，一洗程朱拘弊的全盛時期。按照繆天綬的分法，「王學盛期」還可分左右兩派。〔註16〕左派主張本體即工夫，學問風格上主動，近乎頓悟；代表性人物有浙江學派的錢緒山、王龍溪以及泰州學派的王心齋、王東崖、羅近溪。右派則學問風格主靜，主張由工夫而達到本體，近於漸修；代表性人物是江右學派的聶雙江、羅念庵、王塘南、萬思默等人。至於「王學修正期」，則以晚明東林學派之顧涇陽、高景逸、孫淇澳，以及甘泉學派的劉蕺山爲代表。王學修正期主要係對應於王學左派末流的空談良知，卻蕩軼禮法、蔑視倫常而起的；例如當時泰州學派之徐波石、顏山農、李卓吾等人，其恣縱橫肆之言行，聳動於廟堂江湖之間，都已非常情所能容忍。

　　而雖然王學在晚明產生了弊端，其心學的主張卻已然在晚明學術界中，擁有重要地位；顧涇陽、劉蕺山等人，多直接批判左派末流，對於陽明原有的思

　　　同契〉，即代表唐代禪學「道化」的極致。
〔註14〕見繆天綬《明儒學案》選註本，頁6。
〔註15〕張克偉〈明初朱學學派述論〉則認爲：「陳獻章（1428～1500）乃上繼陸象山、下啓王陽明，成爲明代理學史從程朱理學轉向陽明心學的一個重要環節。」語見《東吳哲學學報》第1期，頁70。其次，大陸學者程念祺〈明代心學主體性與江南地區的社會氛圍〉一文中，更進一步主張明代江南地區的特殊社會氛圍，是奠立陽明心學的歷史基礎（程文見錄於《道佛儒思想與中國傳統文化》，頁152）。
〔註16〕見繆天綬《明儒學案》選註本，頁25。

想及其爲人，則依舊佩服。所以，如果將心學奉爲明末儒學的正統，〔註17〕似乎亦不爲過！在《傳習錄》〈答顧東橋書〉，陽明曾言其心學如下：

> 若鄙人所謂致知格物者，致吾心之良知於事事物物也。吾心之良知，即所謂天理也。致吾良知之天理於事事物物，則事事物物皆得其理矣。致吾心之良知者，致知也；事事物物皆得其理也，格物也。是合心與理而爲一者也。〔註18〕

陽明於此提出之「心即理」見解，實即象山心學的再現。而此處刻意藉格物窮理之說縷述見地，一方面除了是疏注《大學》的表層目的外，另一方面亦意在於重新翻修以「性即理」爲進路之朱熹理學。錢穆於《宋明理學概述》中，就認爲：

> 王守仁的良知學，並不忽略了外面事理之講求。程頤、朱熹格物窮理的教法，守仁良知學裡仍還是重要；所爭只在先有一頭腦、先有一根柢，此即陸九淵所爭的先立乎其大。如此看來，守仁學說還是逃不開朱陸異同的問題，在守仁自然是偏主陸的一邊多，所以，後世稱程朱與陸王，這是宋明理學一大分野、一大對壘。後人又稱程、朱爲理學，陸、王爲心學；謂程、朱主性即理，陸、王主心即理。〔註19〕

而秦家懿於《王陽明》則進一步區分朱、王謂：

> 朱比王重「理」，王比朱重「覺」。朱熹不只多讀書、多傳註，他好思考、多疑問；在尊四書之餘，也研讀五經，而且治經態度嚴正獨立，不取漢唐之注疏訓故。他認《易》爲卜書、《詩》有淫詞、《書》多僞作、《禮》則宜改；對於後世之經學，也有啓發的貢獻。王陽明則不是經學家，他直用陸九淵語，以經註「心」。他的學問之長，實是哲學；他以道德論、修身論爲主，從淺入深，直探道德的「本體論」。〔註20〕

順此脈絡可知，在宋代執思想界牛耳之程朱理學，到了晚明，隨著時空格局的轉換，已經無法獨享尊榮，甚至到最後，「性即理」亦不得不拱手讓位於「心即理」了。明末之儒家思想，也就是在這種跳離朱學重「理」的新發展中，

〔註17〕假如有異端，應即是重新回歸程朱法度的儒學潮流。明亡之後，這個異端很快地就成爲清代樸學的先聲。

〔註18〕見《王陽明全書》第一冊，《傳習錄》〈答顧東橋書〉，頁37。

〔註19〕錢穆《宋明理學概述》〈王守仁〉，頁287～288。

〔註20〕秦家懿《王陽明》第一章，頁26。

順理承當的，以陽明心學爲一代之顯學。

　　然而，正如前述，晚明的王學左派以及劉蕺山等人的批判，都使陽明心學蒙上一層塵土，〔註21〕所以，顧炎武在其《日知錄》卷十八中，才會說：

> 以一人而易天下，其流風至於百有餘年之久者，古有之矣。王夷甫
> 之清談、王介甫之新說，其在於今，則王伯安之良知是也。

亭林將明朝的滅亡歸罪於陽明，是否確當，自有仁智之見。但由此卻可看出，陽明心學在晚明儒者心中的絕對性地位。

　　而在這同時，道教亦產生了十分微妙的變化。

二、漸趨衰微之明末道教

　　道教的建立，原本是一綜合秦漢之際的方士活動與黃老道，以及漢末五斗米道與太平道活動的漫長過程。劉精誠於《中國道教史》即認爲，中國道教之創立過程與佛教、基督教、回教等不同，它並沒有一個明顯的創教時期。〔註22〕正因發展時間如此漫長，它的教儀教義亦相對地十分複雜：舉凡黃老思想、陰陽五行讖緯卜筮、神仙方術、鬼神祝由，甚至儒家佛家之思想規儀，幾乎全在搜羅之列。〔註23〕而隨著時代推移，道教中俊秀人才之輩出，也令人目不暇給，如魏晉時期寫《抱朴子》的葛洪、開創茅山宗的陶弘景、宋代寫《無極圖》之陳摶、創始全眞道之王重陽，都是當時知識界中的佼佼者。

　　到了明代，明成祖朱棣大規模地構建湖北均縣之武當山，奉祀眞武玄天上帝，帶動了全國上下的道教信仰。道教中的神祇人物，幾乎都有民眾建廟祭祀，眞武廟、關帝廟、媽祖廟、呂祖廟、城隍土地廟、山川自然神祇等廟開始遍佈各地，迄今不衰。而結合佛家因果輪迴說與傳統儒家倫理道德的道

〔註21〕陽明學的末流，在顧炎武、黃宗羲的書中均有激烈的批判，更廣義地說，清初以降「實學」、「樸學」的學風，也是對心學的反動。大陸學者黃書光〈論明末清初實學思想家對理學教育思想的批判與改造〉文曰：「明末清初，適逢王朝更替之際，社會劇烈動盪，迫使許多有識之士去正視現實。他們不再以先驗預設的良知爲理論出發點，而是站在社會現實的高度，以理性的態度去重新審視程朱陸王之學，對理學教育思想進行系統性地批判和改造；由空談心性別廢虛崇實，提倡經世人才與實用科技。」語見鵝湖228期，頁14。

〔註22〕參見劉精誠《中國道教史》第二章，頁27。

〔註23〕葛兆光《道教與中國文化》就如此說道：「既像老莊、禪宗與中醫養生學，又不是老莊，禪宗、中醫養生學的人生情趣心理境界與生理狀態的綜合，就構成了唐宋以來道教人生哲學的基本內容。」語見該書P314。

教善書，如《太上感應篇》、袁了凡《功過格》、《文昌帝君陰騭文》，也趁勢以宣揚勸善抑惡之宗教道德的姿態，〔註24〕大量地流傳民間，形成明代道教極為特殊的現象。

　　然而，畢竟長時期之發展下來，道教也背負了許多弊端與包袱，其中領袖人物之神格化，招致當政者不悅，以及方術之流於迷信愚民，道徒方士之夤緣登進、為虐一方，不斷引發反對者之圍剿聲討；皆使其地位處處陷於不利。明洪武元年，道教第四十二代張天師張正常，觀賀明太祖朱元璋登基即帝位時，太祖就已經對「天師」之名號深表不滿，《明太祖實錄》卷卅四載錄這段史實謂：「上謂群臣曰：至尊唯天，豈有師也？以此為號，褻瀆甚矣。」結果張正常被撤去「天師」名號，改授「正一嗣教真人」。〔註25〕而迷信長生不老術之明世宗，最後因服食丹藥致死；擅寫齋醮青詞的嚴嵩，更以長生不老術一意媚上，專橫朝政達廿年；這都反映了道教在明代的嚴重危機。韋伯於《中國的宗教：儒教與道教》中，指出中國之宗教缺乏「信仰的監督」（Seelsorge）的觀念，這用以理解道教在明代的嚴重危機，是十分恰當的。〔註26〕

　　不過，在明代無論朝廷或民間，信仰型態與思想內容，卻已經逐漸發展出一種融合的方向，而且愈至晚明，愈趨成熟，此即「三教合一」說。

三、明末佛學界之「三教合一」說

　　憨山之前，金代之全真道已取代傳統道教，並由邱處機開創全真教，其教義揉合了道教原有的清淨無為、拱默自守、養性全命及儒家的名教綱常觀念、封建禮法等，進一步制定了許多類似佛教的戒律，規範道徒的思想原則與行為模式，如通玄子陸道和所編的《全真清規》中就有所謂「教主重陽帝君責罰榜」，規定犯國法者開除。〔註27〕由於邱處機巧妙結合儒釋道三教於其教義與戒律之

〔註24〕鄭志明認為太上感應篇是「以道教的宗教倫理化成通俗化、淺俗化的道德條目，成為輔助儒家教化的民間教材」，見〈太上感應篇之倫理思想〉，鄭志明撰，鵝湖143號，頁42。

〔註25〕詳見劉精誠《中國道教史》第六章，頁275。

〔註26〕見韋伯著、簡惠美譯《中國的宗教：儒教與道教》〈正統與異端〉，頁291。不過，據余英時《中國思想傳統的現代詮釋》〈中國近世宗教倫理與商人精神〉P280～293 指稱，金、明之道教型態，都普遍存在有「入世轉向」的宗教問題。余英時認為這個時期的道教和基督新教的「天職」（calling）觀念，至少在「社會功能上有相通之處」。

〔註27〕參考葛兆光《道教與中國文化》，頁288及北京國務院《中國大百科全書》「宗

中，再加上羽士道徒遍佈天下，全真教一度對明代宗教也有舉足輕重的影響。憨山避名東海時（見本文附錄），東海當地居民即多信奉羅教，那時候的羅教，就是結合全真教與禪宗的一種地域性信仰。然而，全真教的三教合一觀，正如主張「以儒治國」之耶律楚材提倡的三教觀〔註28〕一樣，都不是站在佛教的立場發言的。明代佛學界之三教合一說，遲至晚明，方才成為真正熱絡的話題！

　　其實，「三教合一」的觀念，本是基於儒釋道之間長期交會互動之必然歷史發展，依僧祐《弘明集》卷一載，東漢牟子（牟融）之《理惑論》便已提出三教合一說法。而到了唐宋時期，更是逐漸將三教各自的外在修養轉向內在的修養，以至於在「修心」的問題上，達到大體一致的認識。〔註29〕在明代，宗本之《歸元直指集》，就明顯代表了此一趨向，其中之〈辨明三教至道〉曰：

> 三教至道，但是一心。心者，人之本源也。釋云：心是法中王；道云：心是眾中王；儒云：心是人之主。一切諸法，皆不出於心也。王不動，萬姓自安；心不亂，諸邪不起；正所謂心有主，則能不動矣。釋云：心地法門，非在舌辨；道云：心地下功，全拋世事；儒云：說不如行，行不如到。俱要終窮至實，畢到斯源，了義還宗，隨流赴感。故孔子以寂然不動為體，感而遂通為用；佛以定為體、慧為用也；老子以虛無為體，妙有為用。亦此意也。〔註30〕

如宗本這般，將心法視為媒介三教之橋樑，以本體論作為「三教合一」之起點，本是明代三教之間逐漸形成的共識。而以紫柏為首之明末四大師，也都各自有其統攝三教的言論，〔註31〕在陽明心學門派紛歧、道教愈趨式微沒落，而佛教界亦宗門凋零之際，由四大師所帶領之「三教合一」風潮，的確是為晚明學界注入一股新生的活力。〔註32〕

　　　　教」，曾召南〈道教戒律〉，頁65。
〔註28〕參見〈宋明「三教合一」思潮中的「心性旨趣」論稿〉，陳俊民撰，鵝湖172號P2～10。
〔註29〕參見王志遠〈唐宋之際「三教合一」的思潮〉文，該文收錄於《佛教與中國文化》P71。
〔註30〕明宗本《歸元直指集》卷三，嘉興大藏經第廿二冊，頁37。
〔註31〕此於聖嚴《明末中國佛教之研究》第一章P32～37，有詳細舉證。
〔註32〕晚明佛教雖面對許多侷限，但開創性的特徵仍然不少，例如江燦騰就以歷史的角度歸納這個時期的佛教現象，他說：「如果歸納晚明的佛教將會發現幾個現象：1、是禪淨兩宗獨盛而且著名的佛教高僧往往即禪淨雙修的提倡者與實踐者 2、宗教融合的思想非常普遍而且有極成熟的理論詮釋 3、經典的普及化和說理的明白條理化相當盛行 4、社會的關懷和批判的角度極為深刻而激烈 5、自覺性

　　當然，這樣的「三教合一」，依據不同的發言立場，仍存在著濃厚的本位色彩。今天若剋實言之，當時所謂之「合一」，恐怕也僅是用自己教別之立場，謀取本體論之大方向的吻合而已，並非一視同仁；憨山在寫給顧山子的信中，就曾借用「一」的觀念，表明這樣的三教觀：

> 一乃萬物之本，造化之蘊也。故曰：天得一以清，地行一以寧，聖
> 人得一以爲天下正。正則不滑於邪，而固其本也。然人與物、理與
> 氣、心與形，均一也。一得而眾理歸之。語云：識得一萬事畢。故
> 吾徒參玄之士，必曰萬物歸一，一歸何處？斯則歸一可知，一之所
> 歸則不可知也！今夫人者，萬務交固、萬慮攻心，紛紛擾擾，竟莫
> 之寧，乃不識一之過也。居士能觀天地造化之歸一，而不識身心性
> 命之歸一，是知二五而不知爲十也。苟知性命之歸一，則萬化備在
> 於我矣。可不務哉！〔註33〕

就「道」言：「一」是清寧天下正的基源動能；就「儒」言：「一」是歸攝理氣性命、統會萬事眾理的源頭活水；就「佛」言，「一」則是眞常之本心本性。憨山活用「一」的概念、游走於三教，最後其實仍是以澆心中之塊壘、匯歸自性爲目的。

　　由此可知，明末之「三教合一」論，實際上，並沒有眞正地達到三教平等的地步。〔註34〕這個現象，即連憨山亦不免。然而，無論如何，晚明佛教界「三教合一」思潮之形成，確已十分有利於緩解三教間長久以來的對峙緊張。憨山思想之所以能博綜儒釋道三家，實際上還得拜此時代潮流之所賜。

四、受世俗王權制約的特殊宗教型態

　　眾所周知，佛教傳入中國，自始就與世俗王權關係密切。由於中國的朝廷向來就握有主宰全國一切事務的絕對威權，洵致佛教之盛衰榮替亦不可免

地作整個佛教前途反省和建設的著作亦紛紛出現6、與異族對抗和教內學術辯論都構成極大的風波7、叢林改革往往伴隨叢林規約的制定。」，語見江燦騰《晚明佛教叢林改革與佛學諍辯之研究——以憨山德清的改革生涯爲中心》，頁4。
〔註33〕《憨山大師全集》卷三〈示顧山子〉，嘉興大藏經廿二冊，頁412。
〔註34〕王祥齡在〈圭峰宗密的三教歸一思想初探〉文中，則指出宗密是一位能將中國佛教的三教觀，從宗教層面跨進到哲學領域的思想家。這與一般陷溺於教條的爭議、道統的維護與宗教信仰者的心態迥異。在明末，雖然「三教合一」論，實際上，並沒有眞正地達到三教平等的地步，但至少宗密的融會心態是很清楚地被佛教行者保留著。王文見鵝湖177號，頁32。

地受制於朝廷。例如《弘明集》卷五〈沙門不敬王者論〉中,即曾如是記載:

> 天地之大德曰生,通生理物,存乎王者。故尊其神器,而禮寔爲隆;
> 豈是虛相崇重、義存弘御而已。沙門之所以生,生資國存,亦日用
> 於理命,豈有受其德而遺其禮、沾其惠而廢其敬哉?〔註35〕

由於皇帝是世俗王權的中樞,因此佛教的出家人應否禮拜皇帝、「尊其神器」,
遂成爲魏晉時期的熱門話題。據《魏書》〈釋老志〉言,北魏沙門法果就主張
以事佛之禮事「人主」,他說:「能弘道者人主也。我非拜天子,乃是禮佛耳」。
〔註36〕而道安亦有「不依國主,則法事難立」〔註37〕的妥協態度。凡此皆可
看出,與政治權力相結合的宗教型態,確是中國佛教的一大特色。

　　在這樣的宗教型態中,世俗王權往往擁有絕對主位之宰制權,佛教常僅
是扮演依附王權的被動角色。〔註38〕荒木見悟在《陽明學與明代佛學》文中,
即以明代佛教爲例,說明這個現象:

> 明代的佛教,雖說建國以來受到國權的保護,但並未出現特別顯著
> 的師家,可以說依墮性保持其命脈而已。據說成爲其主流者,是大
> 慧宗杲的公案禪。但大慧所具有的那種與堅強的時弊和權勢對決的
> 態度,到底是無法期望的。原來大慧禪是投入士大夫的知識、教養、
> 禮節法度的停頓狀態中,抓住其前襟踏著腳,以禪心給予其生命起
> 死回生的轉機,而得到極好的成果的,但此種與士大夫層層接近,
> 不久由於其法孫與士大夫層之間產生安逸的黏連,遂變質爲完全擁
> 護體制的宗教。這乃成爲爲政者的藉口,例如明太祖亦欲將佛教編

〔註35〕梁僧佑《弘明集》卷五〈沙門不敬王者論〉,磧砂大藏經第卅一冊,頁212。

〔註36〕語出唐道宣《廣弘明集》卷二之《魏書》〈釋老志〉,磧砂大藏經第卅一冊,
頁284。

〔註37〕梁慧皎《高僧傳》卷五〈釋道安傳〉,磧砂大藏經第卅冊,頁596。

〔註38〕在釋見曄〈明太祖的佛教政策及其因由之探討〉文中,曾如此道出明太祖以
來的佛教政策,可爲參考。其謂:「明太祖曾借宗教之力建立大統帝業,即位
後,一方面是正面的欲以護教者自居,而進行佛教之清理;一方面是反面的
畏懼宗教與民眾結合之力量,故思對佛教隔離,庶免成爲帝業不穩之絆腳石。
並想借宗教之用,以收輔助政治之效。……太祖的佛教政策,約有三類:管
制、隔離、懷柔禮遇。而以隔離政策爲其特色。換言之,其政策原則是僧俗
隔離,方向是採限制而不禁絕。……於隔離政策之下,所強調的僧人形象,
是不居市區、不混時俗、隱入深山崇谷,刀耕火種,或住叢林、侶影伴燈,
甘苦空寂寞。這些遠離世俗「山林佛教」的形象,成爲後人所認知的佛教,
一直延續到民國時代。」語見《東方宗教研究》第4期,頁96。

入其翼贊體制中而施用各種手段。這在體會太祖之意執筆的宋濂
（1310〜1381）的楞嚴經序中的「眞乘之教，與王法並行」一語，
直截了當地表示。王法與佛法的先後關係，在佛教傳來當時，乃爲
宗教界的重要論題之一，其後亦有不屈服於政治權威的有骨氣的僧
侶，但是明初的佛教，卻唯唯諾諾地被嵌入太祖的文教政策之框子
中。〔註39〕

大慧宗杲的思想，稍後本文另予詳述，而此處荒木亟欲強調的是：即令是如
同宗杲看話禪般活潑生動之禪心禪境，也難逃唯諾趨應於世俗王權的命運，
足證明代佛教對於政治權威之依賴程度。不過，憨山之摯友達觀紫柏，倒是
獨特的異數，他的〈法王人王說〉，將王法與佛法的先後關係，作了重新的排
列，他說：

> 有土爲之長，謂之人王；有道爲之長，謂之法王。土有形垺，則尊
> 有所不尊；道無邊際，則無所不尊者也。是故鐵輪不若銅輪之尊，
> 銅輪不若銀輪，銀輪不若金輪；金輪雖尊，又不若帝釋與梵王之尊。
> 此皆就土形垺廣狹而尊者也。惟法王之尊，自凡及聖、包無幷有，
> 統十虛而無遺、御萬有而無敵，以道無邊際，故無所不尊也；無所
> 不尊，則不可以人主之法繩之矣。故不土而君、不爵而貴者，謂之
> 方外之賓。今人必欲以世主之禮法，羈絏方外之人；羈絏之不能，
> 則便欲毀廢其教。是以晉桓玄離詞欲折遠公，遠因其折，徐申其理，
> 而玄怒爲之頓消。豈假口舌以諍之哉？理不可屈故也。〔註40〕

紫柏把「就土形垺廣狹而尊」的世俗王權，歸類爲佛教稱謂之輪王；所謂輪
王，至多亦僅是一方之主而已，並非「無所不尊」，所以「人王」的威權，只
在形下的方內有意義。而眞正的「無所不尊」，則非「統十虛而無遺、御萬有
而無敵」之「法王」莫屬；方外之緇衣沙門，就是法王在人間的示現。紫柏
便是透過如此方內、方外之區分，規範人王與法王之界域，從而推出佛教僧
伽「不可以人主之法繩之」的結論。〔註41〕

〔註39〕《中國近世佛教史研究》，荒木見悟‧如實〈陽明學與明代佛學〉，頁390。關
於這方面的論述，本文尚參考於大陸學者洪修平撰寫之《中國禪學思想史綱》
第十章「中國禪學思想的衰微」之『明王朝與禪』（見該書P246）。
〔註40〕《紫柏老人集》卷十一〈法王人王說〉，嘉興大藏經第廿二冊，頁316。
〔註41〕這當然是因爲對「人主」所創造出來的政治環境，有一種遠離佛教政治理想
的憂慮心理所致。實際上，紫柏這段話的脈絡，更根源的依據，是來自於大

　　不過，晚明雖有紫柏之敢言，但實際上之朱明皇權，依然轄制當時之佛教僧侶。明末四師中，紫柏、憨山都曾因牴牾當道而銀鐺入獄，最後紫柏以冤死圜中收場、憨山則流放嶺南十餘年方蒙赦還；這些，都仍然十分鮮明地反映明代佛教受世俗王權約制的事實。

　　捘結上述，可就明末佛教所處之三教環境，做如下之歸納：

第一、明末儒學之發展走向，是以王守仁「心即理」之心學為主幹。明末王學已逐漸取代標榜「性即理」之程朱理學，而為晚明儒家思想之主流。王學之後雖有分歧，大致仍不離心學本質。

第二、明代道教已顯露疲態，領袖人物張天師名號，開國之初即為皇室撤除，而溺事神道、崇尚服食迷信之弊端，復屢遭物議。延續至明末，道教已趨陵夷式微。

第三、明代三教間，亦不乏「三教合一」之共識。但著眼之角度，往往仍存在濃厚的本位色彩，且僅依修心之大方向統攝三教，立論薄弱而層面狹隘。是以，「三教合一」說雖駸駸稱盛，卻難見公平客觀之允論。

第四、明代佛教之命運，仍受到世俗王權的絕對性轄制。而晚明佛教內部，雖有王法與佛法分離之呼聲，但仍未改變世俗王權絕對優位的事實。

順此思路，本文底下續由「明末佛教宗門流弊」一節，討論憨山身處之宗門環境。

第三節　明末佛教宗門流弊

一、禪門沒落氾濫，缺乏傑出人才

　　元代禪僧中峰和尚於〈山房夜話〉中，曾以禪者的立場，表達了「諸宗亦禪之別傳」的看法，他說：

　　　譬如四序成一歲之功，而春夏秋冬之令，不容不別也；其所不能別者，

　　乘佛法的理想政治嚮往，楊惠南先生〈漢譯佛經中的彌勒信仰〉就說：「大乘佛法的興起，是由於佛弟子對釋迦佛的永恆懷念。那麼蠰佉、月光童子等轉輪聖王的傳統，也可以了解為是由於印度人，甚至中國人，對於理想政治的嚮往。」當然，蠰佉、月光童子等轉輪聖王的理想，在具體的現實當中，是很難再現的。這個道理，正如中國古人的觀念中，唐堯虞舜是政治形象最完美的一個理想世代，後世絕不可能再有一樣。楊語見《台灣大學文史哲學報》第 35 期，頁 181。

一歲之功也。密宗，春也；天台、賢首、慈恩等宗，夏也；南山律宗，
秋也；少林單傳之宗，冬也。就理言之，但知禪爲諸宗之別傳，而不
知諸宗亦禪之別傳也。會而歸之，密宗乃宣一佛大悲拔濟之心也，教
宗乃闡一佛大智開示之心也，律宗乃持一佛大行莊嚴之心也，禪宗乃
傳一佛大覺圓滿之心也；猶四序之不可混，既不可混，非別而何？或
者謂彼三宗皆不言別傳，惟禪宗顯言別傳者，何耶？對曰：理使然也。
諸宗皆從門而後入、由學而後成，惟禪內不涉思惟計度之情，外不加
學問修證之功，窮劫至今，不曾欠少。〔註42〕

中峰的見解，係因應於當時禪門接會於諸宗教說的實際需要，這與《楞伽經》
融會「宗通」、「說通」之「教禪一致」的理論，原本就是相呼應的。只是，
中峰的呼籲並未改變當時佛門「禪」、「教」分張的事實。這個現象延續到了
明代，嚴重程度愈形加劇，更有甚者，禪門內部還隨著曹洞、臨濟二宗之傳
承系統的逐漸形式化，演變成「冬瓜印子」式的荒誕禪風，禪門的沒落窳濫
與缺乏傑出人才的窘境，已充份暴露出來。〔註43〕王陽明於〈遠公講經台〉
一詩，即如此慨歎：

遠公說法有高臺，一朵青蓮雲外開；臺上久無獅子吼，野狐時復聽
經來。〔註44〕

「臺上久無獅子吼」影喻明代之佛教思想界，缺乏開創性的人物，「野狐時復
聽經來」則形容禪門的沒落凋零。而對於這種萎靡窳濫的禪風，憨山亦往往
言之心痛，《憨山大師全集》卷三〈示眾〉中，憨山就以「東瓜印子」，道出
他內心之不滿：

近來諸方少年，有志參禪者多，及乎相見，都是顛倒漢。以固守妄
想爲誓願，以養懶惰爲苦功，以長我慢爲孤高，以弄唇舌爲機鋒，

〔註42〕《天目中峰和尚廣錄》卷十一〈山房夜話〉上，嘉興大藏經卅七冊，頁416。
〔註43〕而江燦騰《晚明佛教叢林改革與佛學諍辯之研究——以憨山德清的改革生涯
爲中心》，則指出：「出家人口的過度膨脹，和寺田收益的削弱，造成了叢林
內部供需失調，以致弊端叢生且趨向衰微。」從這個角度，也能看出當時整
個禪門走向衰微的事實。引語見該書 P302。
〔註44〕《王陽明全集》第二冊，卷廿，〈遠公講經台〉，頁254。陽明此處之「野狐」，
乃意指野狐禪之謂。依浙江古籍出版社《佛學典故匯釋》載，「還未開悟而妄
稱開悟，非眞正辦道而流入邪僻者，禪家斥爲野狐禪」（見該書 P310）。這個
典故最早見於《五燈會元》卷三，據說百丈懷海每於上堂時，皆有一墮入五
百世野狐身之老者聽法。後世遂因以野狐禪形容未悟言悟與流入邪僻之謂。

以執愚癡爲向上，以背佛祖爲自是，以恃點慧爲妙悟。故每到叢林，身業不能入眾，口意不能和眾，縱情任意，三業不修。以禮誦爲下劣，以行門爲賤役，以佛法爲冤家，以套語爲己見。縱有能看話頭、做工夫者……自負貢高，走見善知識，說玄說妙、呈悟呈解。便將幾句沒下落胡說求印正。若是有緣，遇明眼善知識，即爲打破窠臼，可謂大幸。若是不幸，撞見拍盲禪，將冬瓜印子一印，便斷送入外道邪坑，墮落百千萬劫，無有出頭之時！〔註45〕

中國禪門發展到了明代，已經積弊叢生。原本六祖惠能明心見性、不立文字的教外別傳〔註46〕之觀照工夫，此時已漸爲滿篇累牘的文字禪、公案禪所替代；即令在宋代一度風行天下、強調實踐精神的宗杲「看話禪」，在有明禪匠底下，也已漸失實質的意義。於是，憨山眼下之明代禪門，就呈現出一個習於舞弄機鋒唇舌，「以行門爲賤役」之光怪陸離景象；有志參禪的人，往往一逕成爲三業不修、縱情任意的「顛倒漢」，而禪門僧眾則多爲山林自度者流〔註47〕、多非明心見性之人，輒以冬瓜印章胡亂印心傳法，成爲名符其實以盲導盲的「拍盲禪」。憨山此處所言，其實亦無妨視作明代禪門的一幅縮影；聖嚴在〈明末的禪宗人物及其特色〉文中，就曾藉憨山「冬瓜印子」的諷喻，透視了當時禪門傳承系統上的嚴重危機，他說：

禪宗的重視傳承，本來是爲了防止濫冒，所以要由傳承明確的明師給予勘驗及印可之後，始得成爲正統、正式的禪法的繼續傳授印證者。但是，經過南宋末期、元朝及明初一度衰微之後的禪宗，能夠把握佛法命脈的眞修眞悟的禪者，便寥寥無幾；往往是上一輩的禪者們，爲了維繫禪宗寺院在形式上的世代相承，不致因了缺乏眞正明眼人的接掌門戶，便驅於滅亡的厄運起見；對於尚未明眼的弟子，只要稍具才華，勉強能負起寺院的管理之責者，也就給予傳法的印可了。此種印可，被禪宗的門內人評爲「冬瓜印子」。〔註48〕

〔註45〕《憨山大師全集》卷三〈示眾〉，嘉興大藏經廿二冊，頁418。
〔註46〕楊惠南先生認爲所謂「教外別傳」是指釋迦在一般「教」化之外的特「別」眞傳。其之所以強調「教外」，原是因爲禪法重實修觀照，與注重語言文字的經典教化無關。語見〈禪史與禪思〉，楊惠南撰，鵝湖126號，頁38。
〔註47〕楊惠南先生認爲中國禪之所以會變成走入山林生活的自度自了之路，與不能夠吸收《般若經》「不厭世間苦，不欣涅槃樂」的積極精神有很大關係。見〈禪史與禪思〉，楊惠南撰，鵝湖119號，頁8。
〔註48〕釋聖嚴《明末佛教研究》第二章，頁6。

在明代，因為「眞修眞悟的禪者」寥寥無幾，佛門開創性的人才缺乏，使得禪學進入歷史上的空前低潮。再加上禪宗的心法傳承汨沒不彰，〔註 49〕致使禪師們即使能習於演說公案文字，自己往往也還是未明心見性。所以，明代禪門傳承之所以會變質爲形式上的門戶相承，「明師」之缺乏，才是最主要的原因。所謂「冬瓜印子」，背後所透露的禪門眞象，正是這種人才斷層的危機。

由這一時代特癥，我們當不難理解，何以包括憨山在內的明末四師，他們都十分淡出於門派傳承？以憨山爲例，後人往往亦僅能以禪門「尊宿」名之，而不知其法嗣宗派；〔註 50〕憨山在寫給當時曹洞宗青原系卅五世之無異元來（1575～1630）信中，曾有「明二百季來，禪道寥寥，傳燈闕典」的〔註 51〕喟歎，憨山意指之「傳燈闕典」並不是指有形之語錄、禪書的缺少（事實上，當時依據各種不同宗派法系觀點所編寫之禪籍燈錄，可謂到處充斥，隨地可見），他指的是能實際傳六祖「心」燈的明眼善知識，這樣的禪宗人物，在當時，根本直如鳳毛麟角！

正因爲如此，在無明師可參的情況下，學者彼此之間便只好以公案語錄爲參究對象了。本來，禪門中參究前人公案，是被鼓勵的，因爲它本身確有明心見性之追體驗價值；但是在明代，卻因爲長期的發展下來，產生了因循故舊、不求行證的弊端，人們對於公案原有的行動意識已趨麻痺，並逐漸形成了競尙口捷、以賣弄公案中的文字言說爲風尙的畸型現象，而這又是促使明代禪門更趨於衰微的另一原因。

二、參學者習於賣弄文字言說

在〈示參禪切要〉文中，憨山如此道出時人參禪的大病，其曰：

〔註49〕增永靈鳳撰、吳興譯《景德傳燈錄之研究》則指出：「由景德傳燈錄（記載唐末宋初禪之思想與信仰）中可以看出，禪宗係於唐末宋初，始逐漸由禪發展而獨立成宗。」實際上，當六祖之禪法逐漸淪爲燈錄公案之禪宗以後，就已經開始出現弊端了。語見《佛光學報》第 6 期，頁 194。

〔註50〕不只憨山如此，紫柏、智旭諸人亦皆普遍法嗣不明，紫柏在〈祭法通寺遍融老師文〉之中，就曾提出以「德」作爲宗派傳嗣的依據，可惜這一見解仍無力改變當時的宗門事實，紫柏說：「予聞世諦，有父則有子嗣；微嗣，則人類絕。然有宗嗣焉，有恩嗣焉。而出世法中，則有戒嗣焉，有法嗣焉。予於遍老之門，未敢言嗣，若所謂德，則此老啓迪不淺焉。」見《紫柏老人集》〈祭法通寺遍融老師文〉，嘉興大藏經第二十二冊，頁 267。

〔註51〕《憨山大師全集》卷六〈答博山無異禪師〉，嘉興大藏經廿二冊，頁 455。

今禪家寂寥久矣。何幸一時發心，參究者多，雖有知識，或量機權進、隨情印證。學人心淺，便以爲得，又不信如來聖教，不求眞正路頭，只管懵懂做。即便以冬瓜印子爲的決，不但自誤又且誤人，可不懼哉？且如古之宰官居士，載傳燈者有數人而已。今之塵勞中人，粗戒不修，濁亂妄想，仗己聰明，看了幾則古德機緣，箇箇都以上上根自負，見僧便鬥機鋒，亦以自己爲悟道。此雖時弊，良由吾徒一盲引眾盲耳。〔註52〕

參學者「不求眞正路頭」、「見僧便鬥機鋒」，是憨山當時習禪者普遍的通病。何謂「眞正路頭」？此處雖然憨山並沒有明講，然由其禪學系統衡觀，「眞正路頭」應是楞伽思想中的「教」、「禪」一體說。憨山認爲：時人參禪者，會造成困局的，並非教義教理之「說通」不足，因爲「教」上之知見理解，當時參學者早已氾濫有餘；所以會形成弊端的，都係源於缺乏實際的體驗與證悟，即「宗通」之禪行不足。換言之，當時參禪者多只懂得要口簧、鬥機鋒，層次頂多是「文字禪」，對於如何契會本心自性的「內證禪」，則迄付闕如。因此，憨山對習於賣弄文字言說、「粗戒不修」的學人，經常給予很不客氣的批評，在〈示修六逸關主〉文裡，他就直斥撥弄文字禪的人爲「大我慢魔」、「狂魔」：

切不可將古人公案，作自己知見，以資談柄。此一種病根最深，以正當說時，直圖爽快，全不知不是自己本分事。以此縱心矢口，全不曾回頭照看，所以不知是病。若養成此病，則將爲大我慢魔，乃狂魔之所攝持。今目中所見緇白好禪者，比比皆然，不可不懼也。

〔註53〕

憨山婆憂心切地指出：「將古人公案，作自己知見」，是時人極大的病根。此處他預設的前提是，不同境界的人，就應該使用不同境界的語言；如果工夫未臻公案中祖師境界，未證言證，率爾便以公案爲自己知見，則「將爲大我慢魔」，且爲「狂魔之所攝持」。而被憨山指爲魔眾者，絕非少數人，而是「目中所見緇白好禪者，比比皆然」，舉目所見之出家在家參學者，比比皆是。可見這確是令人「不可不懼」之時代通病。

所以，爲了要跳出這種繞路說禪的死胡同，並延續惠能直指自性的心法傳承，在〈示明益禪人〉一文中，憨山便有這樣的見解：

〔註52〕《憨山大師全集》卷一〈示參禪切要〉，嘉興大藏經廿二冊，頁410。
〔註53〕《憨山大師全集》卷四〈示修六逸關主〉，嘉興大藏經廿二冊，頁428。

學人不知向上一路，但求增益知見，殊不知知見立，知即無明本，此不知本有，而向外馳求，更欲增益其明矣。苟明其明，則明亦不立，何益之有？故曰：為學日益。凡言學者，則向他家屋裡求安樂窩。縱然求得，畢竟非屬己有，既非己有，則樂非真樂，樂既非真，又何從而安之耶？向外求安，自古學人之通病，非特今也。……佛言息心達本源，故號為沙門，學人苟能息心達本，明不必外求。蓋不必多增，自性具足，曾何虧欠。明益禪人果能知此，頓將從前所求多處，一齊吐卻。如傷食人，中無宿滯，則元氣自復。學人斬卻知見，可稱無事道人矣。〔註54〕

以憨山的角度來看，當時緇白好禪者之所以一窩蜂地鑽入繞路說禪的死胡同裡，全是因為「內」、「外」重心錯置所致！他套用老子「為學日益」一語，指明當時參學者之「但求增益知見」與「向外求安」，都只是「不知本有」的戲論，根本無法安立本心。他勸明益禪人要將工夫重心挪置，重新回歸自性本體，而且一定要將從前多處攀緣所得之知見，「一齊吐卻」；就如同食物中毒的人，一定得先讓胃腸「中無宿滯」，才能恢復元氣一般。憨山認為只要斬卻了外求的知見、「息心達本」，則「自性具足，曾何虧欠」的自性本體必可契證。他所謂的「無事道人」，正是實踐這種「明心見性」境界的理想人物。

而且，為了要對治學者參禪時「縱情任意，三業不修」的病灶，憨山也主張應從心念意志的鍛鍊上，作一種由內而外的觀念革命，以期有真實工夫與真實受用。在〈示履初崇禪人〉一文中，憨山就提到了「真實為生死心」，他說：

有向道之志，而無振拔之氣者。以心力不純故骨不勁，骨不勁故無剛毅勇猛之志，所謂中無主不立耳。所以中無主者，以第一無真實為生死心，故無決定久遠不退之志。既無決定之志，則一切趨操，無特達之行。所以因循舊習、悠悠日月，但守閒散任意，以為自在，無拘於心。既不知檢，而於四大幻身，亦無支持之力。故日用現前，全無真實工夫，亦無真實受用耳。〔註55〕

「真實為生死心」，意謂了生脫死的旺盛企圖心。一個學禪行者，如果心中沒有始終保持一顆旺盛的了生脫死的企圖心，那麼很容易便會流於「因循舊習、

〔註54〕《憨山大師全集》卷一〈示明益禪人〉，嘉興大藏經廿二冊，頁406。
〔註55〕《憨山大師全集》卷四〈示履初崇禪人〉，嘉興大藏經廿二冊，頁427。

悠悠日月」的閒懶任意之中，每一個現前當下，都失去眞實工夫受用。因此，時刻點醒自己有否喪失出離生死的「振拔之氣」，並反省是否經常保持不退轉的「決定之志」，是有志參學者必先要有的心理建設。此外，所謂「日用現前」的工夫，憨山強調一定要從實際的觀照應會當中著手，絕不可流於「執言」：

> 古人云：工夫在日用處。此死句也。今日坐在此語窠臼中，縱是有
> 志之士，亦皆賣弄識神影子。非言者之過，執言之過耳。〔註56〕

其實，「工夫在日用處」並非死句，它本身原是極爲生動的實踐語，表達四威儀之趨操語默皆可契證本心的眞理。然而憨山刻意名其爲死句，則是對應於「賣弄識神影子」的病根而言。他深知時人喜於「坐在此語窠臼中」以資談柄，乾脆直說它是死句，憨山的用意十分明白，欲教「工夫在日用處」不死，只有靠行者的實踐。

　　總之，憨山對於當時禪門中人競鬥文字機鋒、玩弄公案語言的流弊，態度上是相當嫌惡的。由上述推論看來，他的禪學體系之所以對「明心見性」有強烈的實踐傾向，可能並不全然是個人性格所致，晚明這樣的時代因素，也是重要的原因。

　　不過，眞正足以影響憨山自性禪思想的時代因素，還是晚明的整體禪學趨向，其中，「性相」、「教禪」的見解，便屬犖犖大者。

第四節　憨山當時之禪學趨向

　　這個單元，共有三個子題，分別乃「性、相之融會」、「涵攝臺賢淨密於一爐之禪行」以及「兼通老莊孔孟之禪體密用」。前二者係論敍晚明禪學在「教內」發展出來的走向，後者則是再度延伸觸角，討論「教外」的三教合一問題。底下，先進行第一個子題。

一、「性」、「相」之融會

　　由中國佛教史角度以觀，「性」、「相」之分，最早可溯源唐代，當時嘉祥吉藏之龍樹三論（即《中論》、《百論》、《大智度論》）思想稱爲法性宗，而玄奘之唯識思想稱法相宗。可見初期中國佛學之性相分歧，原只是指涉般若學與唯識學之「空」、「有」說法之區界，此種性相之分只是「理」上主張之不同，在實

〔註56〕《憨山大師全集》卷一〈示陳生實甫〉，嘉興大藏經廿二冊，頁395。

際的「事」修上、乃至體用關係上，二者其實是無從分離的。深刻影響晚明禪學的永明延壽（904～975），於其《宗鏡錄》序文，就曾做過這樣整合：

> 性相二門，是自心之體用。若具用而失恆常之體，如無水有波；若得體而闕妙用之門，似無波有水。且未有無波之水，曾無不濕之波；以波澈水源，水窮波末；如性窮相表，相達性原。須知體用相成、性相互顯。〔註57〕

一般從思想史之理路看，永明延壽《宗鏡錄》之禪法係援華嚴入禪、以一心融會諸宗之禪法。此種強調以真常心之本體與作用為詮釋性、相的進路，除宗密外，永明當為第一人。而《宗鏡錄》序文揭示之性相說，對於明代佛教，具有底下兩點正面的意義：

第一、由於他主張性、相的關係，即是真常心的體、用關係（所謂「性相二門，是自心之體用」），直接啟蒙了明代佛教尊宿大德對於真常心系統的倚重。包括憨山在內的晚明四師，在本體論上面都認同真常心，就是最好的說明。

第二、對於性相二門，永明特別側重其「互顯」、「相成」的層面。這一見解，對於支持性相融會、諸宗融通乃至教禪一致說之形成，都有積極的意義。晚明禪學之所以能涵攝臺賢禪淨於一爐，並結合老莊孔孟以為禪體密用，永明性相說的啟蒙意義，實居其大。

憨山晚年時，曾寫〈性相通說〉，便是根據永明延壽《宗鏡錄》的基礎，搭配馬鳴《大乘起信論》的真常心見解，重新詮釋天親之百法唯識思想。他在〈性相通說〉卷上謂：

> 永明大師，集一大藏為宗鏡錄，以會歸一心，為二宗（即「性宗」與「相宗」）之極則。……唯馬鳴大師作起信論，會相歸性，以顯一心迷悟差別；依一心法，立二種門：謂心真如門、心生滅門。良以寂滅一心，不屬迷悟，體絕聖凡。……教外別傳之旨，乃直指一心，本非迷悟、不屬聖凡，今達摩所傳禪宗是也。其教中修行，原依一心開示，其所證入，依生滅門悟至真如門，以為極則。其唯識所說十種真如，正是對生滅所立之真如耳。是知相宗唯識，定要會歸一心為極。……學人不知其源，至談唯識一宗，專在名相上作活計，不知聖人密意，要人識破妄相，以會歸一心耳。故今依生滅門中，

〔註57〕見《宗鏡錄》卷首，磧砂大藏經卅五冊，頁418。

以不生滅與生滅和合，成阿賴耶識，變起根身器界，以示迷悟之源。

了此歸源無二，則妙悟一心，如指諸掌矣。〔註58〕

這段引文裡，憨山對於性、相的理解，仍舊遵循永明「會歸一心」的基本精神，但是他依據《大乘起信論》一心二門的劃分，重新解讀性、相，則賦予了性相說以新義；尤其他將「教外別傳」的禪宗，視為永明「會歸一心」之所指，而所有「教中修行」則全部依從此一禪心而開示證入，很明顯這是他獨悟的創見。其次，以「不生滅與生滅和合」形容阿賴耶識的染淨同依，也與傳統天親唯識學視第八識為被熏之染污識的看法不同。不過，憨山的性相融會思想，仍然保留了永明性相說統會空有、會歸一心的特色，只是在他的思維系統當中，禪宗更居於攝化諸宗的核心地位，他認為包括相宗唯識在內的教下諸宗，都須服膺「依生滅門悟至真如門」這一極則，而且最終一定是以「歸源無二」、回返禪宗之「一心」，作為終極之目的。

這種以禪宗為本位的性相融會說，在實際的宗教實踐活動當中，就被延伸為涵攝臺賢淨密於一爐之禪行。底下續說此一特殊之晚明禪學取向。

二、涵攝臺賢淨密於一爐之禪行

明代禪學，以臨濟宗與曹洞宗為主流。其中，曹洞宗在宋代雖然因為大慧宗杲看話禪的關係，而與臨濟宗徒產生「默照」與「看話」的諍論；但這一長期的動態發展，到了晚明，其實已不復當初尖銳的對峙形勢；憨山當時，宗杲之看話禪也已實際上地成為禪門宗教體驗的共識，而且它的影響力隨著時間之累積與宋元明歷代禪匠之發揚，早就有了凌越其他諸宗行門的實力。

從這一個簡單的事實看起來，我們應當很容易釐清為什麼晚明四師，都普遍受到看話禪精神或形式感染的主要原因。雖然前文亦談及晚明之禪學，已產生了許多內部的弊端，但無可置疑的，看話禪依然是晚明禪學之中的「顯學」。而看話禪學以外的諸宗諸派，也就在相應於以禪為本的宗教實踐活動當中，被統攝為「會歸一心」的禪行。

釋聖嚴於〈明末的禪宗人物及其特色〉中謂：

明末在曹洞宗的圓澄，著有五種四十六卷，涉及的範圍則法華、涅槃、楞嚴、思益金剛三昧等五種經典，已不是一位尋常禪師的心量。

〔註58〕《憨山大師全集》卷卅四〈性相通說〉卷之上，嘉興大藏經廿二冊，頁661。

元賢以經、律、淨土並重，禪者重教扶律，並且勸修淨土業，也可說明了當時禪風的一斑。臨濟宗雖僅得法藏、通容、戒顯三人，著述量也不多，但他們注意到了戒律的弘揚、密法施食的儀軌、因果報應的事蹟等，可見當時的中國禪宗已受蒙藏喇嘛教的重大影響，所以也採取密法施食的儀軌。〔註59〕

關於天臺、華嚴、淨土三宗與禪行之接會融通，本文底下亦有針對憨山禪學思想淵源之專章敘述。而特別值得注意的是，當時諸宗思想與禪學交互融會之事實，的確提供以晚明佛教以破繭重生的新機，即以畢生力弘「淨土之教」的雲棲蓮池為例，在他的《雲棲法彙》中，就包括了「戒疏發隱」、「彌陀疏鈔」、「遺教節要」、「諸經日誦」、「具戒便蒙」、「尼戒錄要」、「禪關策進」、「僧訓日記」、「緇門崇行錄」、「華嚴感應記」、「往生集」、「皇明名僧輯」、「武林西湖高僧事略」、「自知錄」、「水陸儀文」、「施食儀軌」、「誦戒式」、「放生儀」等內容，這其中，除了淨土思想外，舉凡臺、賢、律、密等三藏之學乃至儒道典籍，均廣泛涉躐兼通，可見蓮池雖以奉行淨土法門為指歸，但他思想層面延伸之廣度與格局之大，都已非一般淨土行者的心量。崇禎年間，其《雲棲法彙》曾重刻刊行，其刊本序云：

> 明嘉隆之際，禪燈殘燄耿耿，漸入邪途，教下三宗，亦復不絕如線。
> 而天下不可一日無良導。乃有我雲棲大師，捨華門望族，投跡空
> 山。……雖力弘淨土之教，躬荷毗尼之任；而亦不廢演法坐禪諸業，
> 融通禪淨、合會宗教。不使耳食之徒，視肝膽為吳越，甘作獅子身
> 中蟲也。〔註60〕

蓮池在弟子心目中，既是一位「力弘淨土之教」的良導，也同時是「不廢演法坐禪」的禪林行者。將注重他力的淨土信仰與強調自力之禪宗巧妙綰合，是蓮池予人最深刻的印象。而這個印象之所以特殊深刻，主要是因為蓮池主張「參究念佛」，亦即是將淨土念佛法門融入禪行〔註61〕之中。所以，蓮池弟子稱乃師「融通禪淨、合會宗教」，並非逾越之詞，當時之禪行，確已有涵攝臺賢淨密於一爐的傾向。而這種禪教一致的風格，雖淵源於唐代的宗密，但

〔註59〕釋聖嚴《明末佛教研究》第一章〈明末的禪宗人物及其特色〉，頁39。

〔註60〕《雲棲法彙》〈新刻序〉，嘉興大藏經卅二冊，頁371。

〔註61〕而實際上，蓮池之「參究念佛」仍偏於理上說，在事修層面上，蓮池是道地之「持名念佛」奉行者。

在紫柏以降之晚明四師身上，反而最爲明顯。

　　相應於「教內」之禪教一致，晚明禪學也同時在「教外」，開拓出一片空前的三教合一的融合景象。

三、兼通老莊孔孟之禪體密用

　　傳統中國思想底層，對於異質思想之結合，便已有一股自生的原始動力。例如《道德經》中的「一」以及《莊子》〈天下篇〉中護全天下「道術」的主張，都提出異質思想之融合、再生的觀念。只是，類如〈天下篇〉式的思想融合，主要是著眼於化解正統和異端之爭論，它的目標是讓各種不同的思想，可以在一個更寬鬆的「道」之意義認定下共存。〔註62〕但晚明禪學在老莊孔孟思想中之統攝，則遠離了這樣的色彩。

　　究竟晚明禪學是以何種態度消化教外之儒道思想？回答這個問題，可由宗本之〈辨明三教至道〉一尋端倪：

> 三教至道，但是一心。心者，人之本源也。釋云：心是法中王；道云：心是衆中王；儒云：心是人之主。一切諸法，皆不出於心也。〔註63〕

這裡，宗本很明顯是由本體論的方向，消解三教的隔閡。此亦即謂：「三教至道，但是一心」之唯心立場，是宗本認爲最能通攝三教思想的角度。而它與之前憑藉模糊的「道」統會三教的進路，已有清楚的區隔。在晚明佛教復興運動當中，禪學對於教外儒道思想的消化，都有「一心」這個鮮明的主題，作爲線索。因此，宗本之「一切諸法，皆不出於心」，可視爲晚明禪學統攝老莊孔孟思想的代表。

　　當然，「一心」之運用，也可能因人而異。例如在《紫柏老人集》〈解易〉中，我們就看到紫柏以禪家之「一心」重新解讀《周易》的特殊看法，他說：

> 智鑒曰：一心不生，萬法無咎。盧山曰：一微涉動境，成此頹山勢。
>
> 予聞二老之言久矣，然終不大明了，及讀《易》至漸卦，始於二老

〔註62〕黃文樹〈李贄的教育思想及其時代意義〉亦指出：晚明儒者往往只知「依仿陳言」，拘守孔子的言行作爲一切真理之衡準，因此才會醞釀出李贄這樣反叛型的人物來。所以，用更寬鬆的多元解釋去面對正統與異端，不獨佛家如此，晚明儒者心中亦有如此的傾向。參見黃文樹〈李贄的教育思想及其時代意義〉，鵝湖月刊241期，頁49。

〔註63〕明宗本《歸元直指集》卷三〈辨明三教至道〉，嘉興大藏經廿二冊，頁37。

之言，了無所疑。蓋卦寓性、爻寓情，如一心不生，萬法無咎者，
即卦之意也；如一微涉動境，成此頹山勢者，即爻之意也。大都一
心不生，則吉凶無地；一微涉動，即吉凶生矣。〔註64〕

以禪家本心之「不生」與「涉動」界定卦、爻，並因此延伸為吉凶的判準，是
紫柏以禪解易的獨特創見。同樣的精神，亦貫徹在智旭的〈性學開蒙答問〉中：

易經繫辭傳云：易有太極，是生兩儀，兩儀生四象，四象生八卦。
此語最可參詳。夫既云易有太極，則太極乃易之所有，畢竟易是何
物，有此太極？儻以畫辭為易，應云太極生天地，天地生萬物，然
後伏羲因之畫卦，文周因之繫辭，何反云易有太極？易有太極，易
理固在太極之先矣！設非吾人本源佛性，更是何物？既本源佛性尚
在太極先，豈得漫云天之所賦？然不明言即心自性，但言易者，以
凡夫久執四大為自身相，六塵緣影為自心相，斷斷不能理會此事，
故悉檀善巧、聊寄微辭。當知易即真如之性，具有隨緣不變、不變
隨緣之義，密說為易；而此真如但有性德，未有修德；故不守自性、
不覺念起，而有無明。〔註65〕

智旭將「易」直接理解成「真如之性」，認為它具有「隨緣不變」與「不變隨緣」
之義，此與紫柏之以「一心」之不生、涉動解釋卦爻，其著眼的融會精神是一
致的。在這樣的融會精神中，二人雖不能避免本位主義色彩，但正統、異端對
峙的問題確已淡然，他們顯然沒有興趣提出籠統的大架構來安置各家思想（甚
至也不太關心自己的詮釋是否恰當相應），其共同的信念只是：如何將教外思想
轉化成自己修行上的助緣。而此一信念，是晚明禪學接會教外思想的重要前提。

實際上，憨山當時駸駸稱盛的三教合一論乃至儒佛、道佛之合流說，即
都是奠基於這種實踐取向的禪體密用之中。在《憨山大師全集》中，有如下
之文字，可資印證：

1、喜怒哀樂之未發謂之中，正好於六祖「不思善、不思惡，如何是
上座本來面目」同參。〔註66〕

2、余少讀史，竊慕程嬰、公孫杵臼之為人，念曰：持此心，為人臣
子者，可謂不忝所生矣。及長出家，乃曰：吾佛為三界法王、四

〔註64〕《紫柏老人集》卷十一〈解易〉，嘉興大藏經廿二冊，頁321。
〔註65〕《靈峰蕅益大師宗論》卷三之二〈性學開蒙答問〉，嘉興大藏經卅六冊，頁311。
〔註66〕《憨山大師全集》卷一〈示陳生實甫〉，嘉興大藏經廿二冊，頁395。

生慈父，苟能持二子之心爲弟子者，可謂不負己靈矣。〔註67〕

> 3、忍之一行，豈淺淺哉。故曰：凡有所作，皆當忍之。是則舉心動
> 念處，以忍試之；舉足動步處，以忍先之；折旋動容處，以忍持
> 之；喜怒哀樂處，以忍驗之。如斯則心有不敢妄動，身有不敢妄
> 作，事有不敢妄爲，情有不敢妄發。故老氏曰：不敢爲天下先，
> 不敢即忍之異名。由不敢爲天下先，故忍爲成佛第一行，如此則
> 忍大而我小。故忍能衣被於我，亦能衣被於物，自利利他之德，
> 無出此者，故曰：柔和忍辱衣，謂是故也。〔註68〕

憨山教人取「喜怒哀樂之未發謂之中」與惠能「不思善、不思惡」之自性說
同參，他首要關心的是，如何將未發之「中」兌轉爲參究自性之有益津梁（至
於是否吻合於《中庸》道德實踐之原義，已是第二序問題）。同樣的，他解釋
《老子》的「不敢爲天下先」，也是以能契應於「舉心動念處」之「忍」的意
義爲優先；而《左氏春秋》程嬰、公孫杵臼之典型，憨山則取法以爲事佛的
赤誠，以求「不負己靈」、取證自性。凡此諸端，皆可說明當時兼通老莊孔孟
之禪體密用，的確是以事修層面的增上緣爲主要考量。

　　所以，綜觀上述，對於晚明之禪學趨向，吾人可做如下之歸納：

第一、主宰晚明禪學趨向的基源動力，除了形式層面仍沿襲大慧宗杲之看話
　　　禪之外，實質層面則仍以永明延壽之性相融會說爲主流。且永明性相
　　　理論融會空有以及會歸一心的精神，在晚明正好成爲諸宗融會、教禪
　　　一致說的主要依據。尤其永明將性相關係開展爲真常心之體用關係，
　　　並側重體用互顯相成的功能，大有裨益於禪宗在晚明佛教中取得攝化
　　　諸宗之核心地位。

第二、看話禪是晚明禪學之中的顯學。而看話禪學以外的諸宗諸派，也就在
　　　相應於此種以禪爲本的宗教實踐活動當中，被統攝爲「會歸一心」的
　　　禪行。衡觀明末當時之禪學，確已有涵攝臺賢淨密於一爐的傾向。而
　　　這種在「教內」中醞釀出來的禪教一致風潮，正是晚明禪學的主要特
　　　色。

第三、除了教內有宗教融會的禪教一體傾向之外，在「教外」方面，晚明禪
　　　學也對儒道思想展開全方位之整合。只是，在態度上仍以佛家本位思

〔註67〕《憨山大師全集》卷一〈促小師大義歸家山侍養〉，嘉興大藏經廿二冊，頁387。
〔註68〕《憨山大師全集》卷一〈示法錦禪人〉，嘉興大藏經廿二冊，頁391。

想為核心，孔孟老莊主要係提供為禪行者趨悟自性的宗教實踐之助緣，儒道思想僅是為佛家本體論的必然性做見證。換言之，晚明禪學所開拓之三教合一趨向，是以明心見性作為輻輳三教之主軸。

結　語

從本章第一節的敘述當中，我們清楚得知憨山所處的時代，正是晚明嚴嵩、魏忠賢迫害朝廷忠良、荼毒天下蒼民的政治黑暗時期。在東林黨事件爆發之後，伴隨著人民抗稅的風潮，已使得晚明政治與社會完全陷入癱瘓及動亂之中。憨山自性禪思想，蘊育自如此的大環境，直令人有濁世清流的感覺。

第二節之中，我們則通過了陽明學、全真教的末流，以及當時佛教界「三教合一」的角度，客觀釐清了晚明的三教環境。這一背景的理解，可以有助於看出憨山後來寫《大學綱目決疑》、《春秋左氏心法》、《道德經解》、《莊子內篇註》的一些端倪。而討論當時受到朱明皇權所制約的宗教型態，也可以因此幫助我們了解憨山禪學的一些限制。

其次，在第三節及第四節當中，本文臚述了憨山當時所處的宗門環境。就整個禪學傾向言，憨山當時的禪門已在永明延壽的性相合會見解上取得共識，並在實際的行動時，融匯各宗義學乃至老莊孔孟於禪觀禪行之中；這是當時宗門的較具正面意義的部份。至於負面的部份，則是禪門的普遍習於賣弄文字禪、知見禪，不重實修實證；而且，多瓜印子式的瀾濫禪風，亦透露了禪門缺乏傑出人才的殘酷事實。這些正負面的因素，都是刺激憨山思想向上發展，力圖振興禪門的增上緣。

以上是本章關於憨山自性禪之時代背景的探討。底下，本文繼續進行憨山自性禪之「思想淵源」單元。

第三章　醞釀憨山自性禪之多樣性
　　　思想氛圍

　　正如第二章第四節所言，憨山當時身處的晚明禪門，已普遍形成了儒釋道三教合一，以及臺賢禪淨彼此融攝的整體禪學趨向。憨山自性禪學既然醞釀於這樣的禪學氛圍底下，自然其思考的觸角，一定也與這些教內外的思想，產生密不可分的臍帶關係。所以，底下本文即嘗試通過此一層面的觀察，以溯清其禪學之思想脈絡。本章共分五節，依序分別為：第一節、憨山禪學與儒家思想；第二節、憨山禪學與道家思想；第三節、清涼澄觀之華嚴思想；第四節、法華思想與天台教觀；第五節、東山以降之淨土思想。其中，第一、二節是探討憨山禪學與教外思想之關聯，第三、四、五則是剖析憨山禪學與華嚴（主要是清涼澄觀之華嚴學，因為憨山所認知的華嚴學，全係通過澄觀而得）、天臺以及淨土等教內思想的淵源關係。

　　依此安排，底下首先即進行「憨山自性禪與儒家思想」部份。

第一節　憨山自性禪與儒家思想

一、以仁為根本的儒家哲學

　　「仁」是儒家哲學的中心觀念，根據韋政通《中國哲學辭典》的分析，仁的涵義，大抵可以分為三類：（一）倫理的；（二）政治的；（三）宇宙論的。

而其中復以倫理層面的涵義為最多。〔註1〕李日章則認為儒家之「仁」係起因於周文之禮壞樂崩，亟須為傳統生活秩序重建基礎而來；所以儒家之「仁」顯示了一種具有內聖外王理想性格的「人文主義的傾向」。〔註2〕

而無論如何，以「仁」為根本的儒家哲學，在中國哲學中的影響力與地位，都是不容忽視的。底下，節引數則文證，說明儒家之「仁」的多元風貌。

（一）德性意義之「仁」

《論語》〈顏淵〉曰：

> 顏淵問仁。子曰：克己復禮為仁。一日克己復禮，天下歸仁焉。為仁由己，而由人乎哉？顏淵曰：請問其目。子曰：非禮勿視、非禮勿聽、非禮勿言、非禮勿動。顏淵曰：回雖不敏，請事斯語矣。〔註3〕

這一則章句之中，孔子除了賦予「仁」以道德規範的涵義之外，還強調了「仁」的普遍性。也就是說：每一個人都可以在自己身上找到生活秩序的依據（即「仁」），人性當中本來就具備了「仁」的潛能；而「克己復禮」便是將「仁」之潛能實現出來。孔子還認為實現「仁」的人，會擁有德性意義的境界型態，感受到我、人、生活周遭都蒙潤在仁德的映照之下，此即所謂「一日克己復禮，天下歸仁焉」。這一段話，很明顯是依據德性意義之「仁」而言的。

（二）政治意義之「仁」

《論語》〈陽貨〉曰：

> 子張問仁於孔子，孔子曰：能行五者於天下，為仁矣。請問之。曰：恭、寬、信、敏、惠；恭則不侮，寬則得眾，信則人任焉，敏則有功，惠則足以使人。〔註4〕

此處所看到的「仁」，是就在上位統治者的立場言。孔子認為統治管理人民，應該依於道德禮制，而非嚴刑峻法。為政者能否遵行這種政治意義的「仁」，關係非常重大，在《孟子》書中，它就成為國家廢興存亡的重要衡準：

> 三代之得天下也以仁，其失天下也以不仁。國之所以廢興存亡者亦然。〔註5〕

〔註1〕見其《中國哲學辭典》，頁130。
〔註2〕見李日章《中國哲學現代觀》第二章，頁19～41。
〔註3〕見朱熹《四書章句集注》，頁131～132。
〔註4〕見朱熹《四書章句集注》，頁177。
〔註5〕見朱熹《四書章句集注》之《孟子》〈離婁〉上，頁277。

由此觀之，儒家之「仁」除了「內聖」的德性義涵之外，也有屬於「外王」的政治意義之延伸。

（三）宇宙論意義之「仁」

《周易》〈繫辭〉上曰：

> 一陰一陽之謂道，繼之者善也，成之者性也。仁者見之謂之仁，知者見之謂之知，百姓日用而不知。故君子之道鮮矣。顯諸仁，藏諸用，鼓萬物而不與聖人同憂，盛德大業至矣哉。〔註6〕

這是將天地之間陰陽相協、繼善成性之道，名之爲「仁」。可見在儒家哲學之中，「仁」也有宇宙論的意義。

而憨山當時之明代儒學（尤其是陽明學），對於以「仁」爲中樞之儒家哲學，詮釋與發揮的重心已有十分明顯的成就：一是由「仁」的傳統多元意義脈絡中，推出統攝心物的良知說；二是藉著《大學》格致誠正、修齊治平的八大綱目，衍出以仁心爲根本的內聖外王格局。其中，最有代表性的，就是王陽明之良知學。

二、王陽明之良知學

「良知」二字，依據王陽明自己的看法，它有先於見聞而存在之先在性與普遍性，且爲一切學問的根源，在〈答歐陽崇一〉中，陽明謂：

> 良知不由見聞而有，而見聞莫非良知之用。故良知不滯於見聞，而亦不離於見聞。孔子云：吾有知乎哉？無知也。良知之外，別無知矣。故致良知是學問大頭腦，是聖人教人第一義。今云專求之見聞之末，則是失卻頭腦，而已落在第二義矣。〔註7〕

在陽明良知學中，良知是指能知善知惡的天理本體，它並不像程朱一般將「天理」高掛在形上界，陽明的良知本身就是天理，由於其存在是「不由見聞而有」的，所以它可以成爲一切世間學問的詮釋起點〔註8〕。且陽明又認爲一切

〔註6〕見《周易》王韓註本卷七，頁47。
〔註7〕見陳榮捷集評之王陽明《傳習錄》卷中〈答歐陽崇一〉第168則，頁239。
〔註8〕黎金剛於其學位論文《禪學與明代心學》則認爲：「陽明之良知，即如禪宗所謂本來面目。致良知即是見性。故陽明雖右儒而左二氏，然其跡近禪宗，確乎不容諱言也。」這種看法，林繼平亦有之，正確與否毋先論，至少在此處已可見出陽明學與禪的相似面，的確很容易給予人一種儒佛不分的印象。黎語見該書 P157。

「知」的活動，都不離於「良知之外」，是故其良知學也同時具有涵蓋一切世間學問的特性。

如此一來，良知便等於將原來「仁」的多義性全部包容了。

而陽明演化此良知學，最得意的舞台，便是《大學》，在《傳習錄》〈答聶文蔚〉中，陽明便將《大學》格致誠正的內聖工夫，全面性地等化於良知本體的活動：

> 說致良知，即當下便有實地步可用功。故區區專說致良知，隨時就事上致其良知，便是格物。著實去致良知，便是誠意。著實致其良知，而無一毫意必固我，便是正心。〔註9〕

同樣的，在〈答顧東橋書〉中，解釋《大學》「格物致知」一義時，也以「良知」作爲運作的主軸，他說：

> 若鄙人所謂致知格物者，致吾心之良知於事事物物也。吾心之良知，即所謂天理也。致吾心良知之天理於事事物物，則事事物物皆得其理矣。致吾心之良知者，致知也。事事物物皆得其理者，格物也。是合心與理而爲一者也。〔註10〕

以「致吾心之良知」解釋「致知」，用良知、天理的合一（所謂「心即理」是），解釋「格物」。換言之，良知變成是啓動《大學》格致工夫的動力來源，這與宋代程朱學派的理解，出入十分大；朱熹於《大學章句》中，也曾引程伊川語，解釋「格物致知」道：

> 嘗竊取程子之意以補之曰：所謂致知在格物者，言欲致吾之知，在即物而窮其理也。蓋人心之靈莫不有知，而天下之物莫不有理；惟於理有未窮，故其知有不盡也。是以《大學》始教，必使學者即凡天下之物，莫不因其已知之理而益窮之，以求至乎其極。至於用力之久，而一旦豁然貫通焉，則眾物之表裡精粗無不到，而吾心之全體大用無不明矣。此謂物格。此謂知之至也。〔註11〕

在程朱的見地中，「致知」之「知」，並沒有本體論的涵義，而僅只是見聞之「知」罷了。至於「格物」，則被詮釋爲貫通形上之「理」所採行的即物窮理工夫。對照之下，程朱的解釋比較偏向於知識論，而陽明的立場則多屬本體

〔註9〕 見陳榮捷集評之王陽明《傳習錄》卷中〈答聶文蔚〉第187則，頁268。

〔註10〕 見陳榮捷集評之王陽明《傳習錄》卷中〈答顧東橋書〉第135則，頁172。

〔註11〕 見朱熹《四書章句集注》之《大學章句》，頁6～7。

論。這一點，岑溢成於《大學義理疏解》卷尾，曾作如是按語：

> 朱子釋格物爲格物之理，陽明釋致知爲致良知，都是增字解經。然
> 而他們爲什麼會增字解經呢？問題原來出在《大學》本身，他們詮
> 釋《大學》時都發現，《大學》對於修養的工夫並沒有任何根源的說
> 明。假如不補上根源的說明，《大學》的全盤修養工夫便會掛空。故
> 此朱子和陽明便各根據自己的心性論，分別把格物致知詮釋爲「即
> 物而窮其理」和「致良知於事事物物之中使不正者復歸於正」，以補
> 《大學》之不足。可是物之爲物理，與知之爲良知，既是朱子和陽
> 明所加，非《大學》本有，他們在這基礎上建立的詮釋，自然不可
> 能是《大學》的原義了。〔註12〕

岑氏以爲朱、王所處時代雖然不同，但發現《大學》缺乏工夫修養的根源，
則是一致的。由此可見，在宋明儒學的思想發展中，對於推動《大學》內聖
外王的動力因，並沒有獲得一致性的解釋。而這一個模糊的空間，正好可以
允許禪學的加入，一展所長！

　　憨山在〈大學綱目決疑〉中，就透過他的自性禪學立場，接駁上儒家思
想，他說：

> 大學方法不用多知多見，只是三件事便了：第一要悟得自己心體，
> 故曰在明明德。其次要使天下人，個個都悟得與我一般，大家都不
> 是舊時知見，嶄新作一番事業。無人無我，共享太平，故曰在親民。
> 其次爲己爲民，不可艸艸半盒而止，大家都要做到徹底處，方纔罷
> 手，故曰在止於至善。果能學得這三件事，便是大人。〔註13〕

又以孔子之「克己復禮，天下歸仁焉」，重新解讀《大學》謂：

> 克己即致知，復禮即格物；天下歸仁即物格。〔註14〕

關於此處憨山〈大學綱目決疑〉的看法，本文於第五章將有專題之討論。不
過，在這個地方，我們就已經可以很清楚地感知，傳統儒家思想對於憨山禪
學言，確實是有舉足輕重的重要意義。其次，相應於「以仁爲根本的儒家哲
學」，憨山在〈示澄鋐二公〉中，也說道：

> 語云：君子不重則不威，學則不固。又曰：中無主不立，外無正不

〔註12〕岑溢成《大學義理疏解》，頁144。
〔註13〕《憨山大師全集》卷廿九〈大學綱目決疑〉，嘉興大藏經廿二冊，頁640～641。
〔註14〕《憨山大師全集》卷廿九〈大學綱目決疑〉，嘉興大藏經廿二冊，頁643。

> 行。此言雖小，可以喻大矣。是以世出世學聖賢之道，未有不自正
> 心誠意修身，而至于致知格物、明心見性者。故孔氏爲仁，以三省
> 四勿爲先；吾佛制心，必以三業七支爲本。歷觀上下古今人物，成
> 大器、弘大業、光照宇宙表裡、爲人師範者，未有不由此以至彼，
> 由麤以極精，由近以致遠也。……孔子曰：聖人吾不得而見之矣，
> 得見有恆者，斯可矣。〔註15〕

一方面肯定了「孔氏爲仁」之格致誠正、三省四勿工夫，一方面又在這個基礎上搭建出禪宗「明心見性」的主題；可見，憨山之自性禪學與儒家的思想，就義理格局言，原是相容的。當然，這種「相容」，憨山自己也曾給予獨特之本體性轉化，於〈示歐嘉可〉文中，憨山便說道：

> 語曰：人莫不飲食也，鮮能知味也。此言道在日用至近，而知之者
> 希。古人謂除卻著衣吃飯，更無別事，是則古今兩間之內，被穿衣
> 吃飯瞞昧者多矣。儻不爲其所瞞，則稱豪傑之士矣。學道之士，不
> 必向外別求玄妙，苟於日用一切境界，不被所瞞。從著衣吃飯處，
> 一眼看破，便是眞實向上工夫。有志於道者，當從日用中做。〔註16〕

孔子「人莫不飲食也，鮮能知味也」，原即強調從生活之中體驗德性之知，它有十分濃厚之道德主義傾向。而憨山則是通過這個儒家的基礎，跨接到禪家「觸類見道」的體用一如模式之中，以「即本體即工夫」的方式，在「日用一切境界」裡面，體驗自性。

因此，中國傳統之儒家思想，對於憨山自性禪學言，其根深柢固之影響力，自亦不容吾人忽視！

第二節　憨山自性禪與道家思想

正如儒家思想之於憨山自性禪學的緊密關係一樣，道家思想在憨山心目中，也有舉足輕重的地位。憨山撰寫《道德經解》，前後歷時十五年〔註17〕才完成，其周密審慎的態度已可見一斑。而《莊子內篇註》對於道家境界的深透詮釋，亦向來爲學者所敬重。足證在憨山禪學之中，老莊之道家思想也具

〔註15〕《憨山大師全集》卷五〈示澄鋐二公〉，嘉興大藏經廿二冊，頁444～445。
〔註16〕《憨山大師全集》卷一〈示歐嘉可〉，嘉興大藏經廿二冊，頁400。
〔註17〕即所謂「自壬辰以至丙午，周十五年乃能卒業」。語見《老子道德經憨山解、莊子內篇憨山註》，頁35。

有不容忽視的地位。

而道家思想，本身也是一套視野寬宏的學說；其中，與憨山「禪者心之異名也」的禪學主題，最有直接關聯者，當即爲「致虛極，守靜篤」之境界型態，以及強調生命主體之逍遙二者。底下，分別臚述之。

一、以虛靜心爲主體的道家境界型態

《老子》第十六章曰：

> 致虛極，守靜篤。萬物並作，吾以觀復。凡物芸芸，各復歸其根。
> 歸根曰靜，是謂復命。復命曰常，知常曰明；不知常，妄作，凶。
> 知常容，容乃公，公乃王，王乃天，天乃道，道乃久，沒身不殆。

〔註18〕

這一段文字，透露了道家「致虛極，守靜篤」工夫的極致理想——一種回返最原初生命根源地（即所謂「歸根」、「復命」）的境界型態。換句話說，老子是以爲：在「萬物並作」、「凡物芸芸」的叢脞現象當中，時時以「致虛極，守靜篤」的虛靜心進行歸根復命的觀照，乃是體驗道家之「道」的不二法門。其中，「常」乃表示「道」之恆在性，它是整個歸根復命過程的中樞，「道」之諸德（如「明」、「容」、「公」、「王」、「天」）均環繞它而開展。而關於「常」的觀念，其實在《老子》的第一章中，還可看到它與「道」的雙面性——「有」與「無」——的搭配關係：

> 無，名天地之始；有，名萬物之母。故常無欲，以觀其妙；常有欲，
> 以觀其徼。此兩者，同出而異名，同謂之玄；玄之又玄，眾妙之門。

〔註19〕

這裡的「有」與「無」，向來被賦予宇宙論的色彩。據王弼之說，天地萬物皆是「始於無而後生」，所以諦觀「無」之恆常作用，可以體會天地的「始物之妙」；至於「有」，則是「以無爲用」的「有」，因此常觀於「有」的「歸終」處，可以體會「萬物之母」。〔註20〕而依照老子之意，不論以「無」爲始爲子，或以「有」爲母爲終，它們都同出於一個源頭，這個源頭，就是致虛守靜所

〔註18〕《老子》第十六章。本文所引《老子》原文之句讀標點，悉依復文書局版《老子王弼注》。
〔註19〕見《老子》第一章。
〔註20〕見《老子王弼注》，頁1～2。

歸復之「道」：

> 有物混成，先天地生。寂兮寥兮，獨立不改，周行而不殆，可以爲
> 天下母。吾不知其名，字之曰道。〔註21〕

在這一章當中，老子對於「道」，分別給予先在性（「先天地生」）、主宰性（「獨立不改」）、常存性（「周行而不殆」）的描寫。據牟宗三先生《才性與玄理》言，道之先在常存，乃繫依於主觀的「境界型態」（不同於客觀之「存有型態」），而主宰性則端賴乎「主體修證而證實」。〔註22〕此一詮釋脈絡，頗能彰顯道家境界型態之作用層深義。〔註23〕在《老子》第六章　五十二章中，還有如此之敘述：

> 谷神不死，是謂玄牝。玄牝之門，是謂天地之根，綿綿若存，用之
> 不勤。〔註24〕

> 天下有始，以爲天下母。既得其母，以知其子。既知其子，復守其
> 母，沒身不殆。〔註25〕

「綿綿若存，用之不勤」，以主觀修證之虛靜精神境界、游走於天地萬象的源頭，正是《老子》標顯的道家境界型態之最大特色。因此，如果有人能夠深體此一作用層的智慧，在主觀境界上面照顯形上之「無」與形下之「有」的相即互在，則此人必爲「沒身不殆」之道家聖人！

對此境界型態，於《莊子》中，則是通過「至人無己，神人無功，聖人無名」的破執方式，加以落實。

二、道家哲學的價值實現之道〔註26〕

據《莊子》〈逍遙遊〉謂：

> 夫列子御風而行，泠然善也；旬有五日而後反。彼於致福者，未數
> 數然也。此雖免乎行，猶有所待者也。若夫乘天地之正，而御六氣
> 之變，以遊無窮者，彼且惡乎待哉？故曰至人無己，神人無功，聖

〔註21〕《老子》第二十五章。
〔註22〕見牟著《才性與玄理》第五章，頁139～143。
〔註23〕所謂「作用層」，係指跨接形上層與形下實有層的虛靜精神境界。參見牟宗三先生《中國哲學十九講》第七講「作用之表象」。
〔註24〕《老子》第六章。
〔註25〕《老子》第五十二章。
〔註26〕本子題之名稱，係參考王邦雄先生《老子的哲學》之「序論」，頁26～27。

人無名。〔註27〕

列子乘風遊行，雖然極盡輕巧、免於步行，但莊子仍認為列子畢竟還是「有所待」於風，依然要受到風的外在約制。〔註28〕換言之，列子的境界依舊受到外物的牽掛而不得稱為逍遙，莊子意許之逍遙，是超離自我的封界，刳形去智、無己無名，所謂「至人無己，神人無功，聖人無名」之無待逍遙境界。

而從「無己」、「無功」、「無名」看來，逍遙的中心，顯然著重在於吾人生命主體的破除我執，以達精神境界之提昇，且以提昇之精神主體遊弋於自己與萬物相通的「道」之境界，獲致心、物相協的逍遙。這在〈齊物論〉中，便是透過「吾喪我」與「天籟」表達出來：

> 南郭子綦隱机而坐、仰天而噓，荅焉似喪其耦。顏成子游立侍乎前。
> 曰：何居乎？形固可使如槁木，而心固可使如死灰乎？今之隱机者，
> 非昔之隱机者也？子綦曰：偃，不亦善乎！而問之也。今者，吾喪我。
> 汝知之乎？汝聞人籟而未聞地籟，汝聞地籟而未聞天籟。……夫天籟
> 者，吹萬不同，而使其自己也。咸其自取，怒者其誰邪？〔註29〕

南郭子綦遠離形骸我見之「吾喪我」活動，是進入萬物獨化自生之「天籟」的必要條件。從這裡就可以證明：道家價值的實現之道，一定是先通過「無為」（如「無待」與「吾喪我」）的工夫歷程，才有可能遞進至「無不為」的道。〈養生主〉中的「庖丁解牛」喻，「以無厚入有間，恢恢乎其於遊刃必有餘地矣」所指的，也是這個「無為而無不為」價值的實現：

> 庖丁為文惠君解牛，手之所觸，肩之所倚，足之所履，膝之所踦；砉
> 然響然，奏刀騞然，莫不中音，合於桑林之舞，乃中經首之會。文惠
> 君曰：譆！善哉！技蓋至此乎？庖丁釋刀對曰：臣之所好者，道也，
> 進乎技矣。始臣之解牛之時，所見無非全牛者。依乎天理，批大郤、
> 導大窾，因其固然。枝經肯綮之未嘗微礙，而況大軱乎？良庖歲更刀，
> 割也；族庖月更刀，折也。今臣之刀十九年矣，所解數千牛矣，而刀
> 刃若新發於硎。彼節者有間，而刀刃者無厚，以無厚入有間，恢恢乎
> 其於遊刃必有餘地矣。是以十九年而刀刃若新發於硎。〔註30〕

〔註27〕《莊子》〈逍遙遊〉。

〔註28〕徐復觀《中國人性論史》P389 謂：「受外力的牽連即會受到外力的限制甚至
　　　　支配。這種牽連，稱之為『待』。」

〔註29〕《莊子》〈齊物論〉。

〔註30〕《莊子》〈養生主〉。

庖丁的解牛動作，完全依於自然的規律，之所以能夠如此之遊刃有餘，則是因為掌握了解牛之「道」（而非「技」）。「刀刃者無厚」，正是指道之無為，以此無為游走於人世社會之本然結構之中，必可全生養性、不受任何傷害。所以，「無為而無不為」一義，「無為」是本，「無不為」是跡。而且「無為」之本，不受任何外在形骸殘全的影響，它純粹是就人的內在心靈境界工夫言，〈德充符〉中，莊子就藉「介者王駘」的寓言，說明這個道理：

> 魯有介者王駘，從之遊者，與仲尼相若。常季問於仲尼。曰：王駘，介者也，從之遊者，與夫子中分魯。立不教、坐不議，虛而往，實而歸，固有不言之教，無形而心成者邪？是何人也。……仲尼曰：人莫鑒於流水。而鑒於止水，唯止能止眾止。受命於地，唯松柏獨也，正在冬夏青青。受命於天，唯堯舜獨也，正在萬物之首，幸能正生以正眾生。夫保始之微，不懼之實。勇士一人，雄人於九軍，將求名而能自要者，而猶若是。而況官天地、府萬物、直寓六骸、象耳目，一知所知，而心未嘗死者乎？彼且擇日而登假，人則從是也。彼且何肯以物為事乎？〔註31〕

介者王駘乃是一位懂得順任事物變化的道者，雖然身體殘缺，精神上卻是超塵絕俗、「擇日而登假」的。由於王駘能順應自然之道、自正性命，因此他有能力做引導眾人、教化眾生之事。即使平居「立不教、坐不議」，王駘自然無為的示範，仍然足以使跟他學道的學生「虛而往，實而歸」。

所以，歸納前說可知，道家哲學之價值實現之道，除依循「無為而無不為」一義外，大略仍可分說為三，此即：忘我（非為我）、超世「非逃避世間」與自然（非魏晉文人縱任不羈之放任）三者。其中，尤其以自然最居關鍵。莊子在〈應帝王〉中，便曾以「渾沌」說明自然在道家哲學中的可貴：

> 南海之帝為儵，北海之帝為忽，中央之帝為渾沌。儵與忽時相遇於渾沌之地，渾沌待之甚善。儵與忽謀報渾沌之德，曰：人皆有七竅，以視聽食息，此獨無有。嘗試鑿之，日鑿一竅，七日而渾沌死。〔註32〕

「渾沌」乃指純樸未散的自然之道，「日鑿一竅」則必用人為智巧，用智巧則遠離自然、有傷身喪命之虞。從這裡就可以比較出儒家、道家對於「道」的不同認知，前者的道偏向人為，後者的道則回歸自然。當然，正如前言，道

〔註31〕 《莊子》〈德充符〉。
〔註32〕 《莊子》〈應帝王〉。

家的自然絕不是魏晉文人縱任不羈的自然，它是呼應於老子虛靜無爲思想的
自然！

而相應於老子之虛靜無爲思想，乃至道家所強調之內在心靈的境界工
夫，實際上，憨山都有相當深度的契入。如〈師心銘〉一文中，憨山即曾藉
用大量的老莊用語，提出底下這種禪學本體論的觀念：

> 人性本大，超乎形器。直以有我，自生障蔽；習染濃厚，故爲物累；
> 問學不廣，故多自是。見理不明，驕矜恃氣；輕內重外，逐物喪志；
> 嗜欲戕生，不知避忌。棄己忘眞，孰稱爲智？達人虛懷，應緣無滯，
> 與時透匜。龍蛇玩世，得失靡驚；貴賤無預，恬淡怡神；省思寡慮，
> 力其未能；謹其未至，學其無爲、行其無事、聽其無聽、視其無視，
> 返觀內照，念念不住，諸妄消亡，精一無二，此乃至人師心之秘。
> 在我求之，恢有餘地。不如是觀，名爲自棄。〔註33〕

關於本體論的問題，本文第五章會有詳細之討論。此處值得重視的是，憨山
已經在這篇文章中，至少點出了道家思想與其禪學的三種共通之處：

第一、就「直以有我，自生障蔽」言，道家之「無己」、「無功」、「無名」的
　　　生命境界，與其禪學之破除我執的工夫，精神上是一致的。

第二、由「輕內重外，逐物喪志」之立場言，道家回歸內面生命主體的強烈
　　　需求，與憨山強調自性本體之禪學，亦有本質上的雷同。

第三、從「達人虛懷，應緣無滯，與時透匜。龍蛇玩世，得失靡驚」來看，
　　　道家透過各種超離自我的封界、刳形去智、無己無名，所達致之無待
　　　逍遙境界，亦與憨山所標榜之「行住坐臥是道」的無事眞人境界，若
　　　合符節。

所以，就這個意義上而言，憨山禪學之得益於傳統道家思想，乃毋庸置疑。
而關於憨山《道德經解》之更詳細剖示，本文將於附錄專文處理，於此不贅。

第三節　清涼澄觀之華嚴思想

由憨山自敘《年譜》中得知，憨山嘗因仰慕華嚴宗唐代祖師清涼澄觀之
德業，而自己取號澄印，以激策自己效法澄觀之用心（請見本文附錄「憨山
思想的轉變與成熟」）。而且幾次華嚴境界的夢示，乃至稍後之血書華嚴全經，

〔註33〕《憨山大師全集》卷廿一〈師心銘〉，嘉興大藏經第廿二冊，頁593。

以及晚年之爲發揚澄觀思想而筆削改寫澄觀《華嚴經疏鈔》的實際行動看來，都在在應證了澄觀之華嚴哲學，對於憨山之自性禪確有深刻的影響。而清涼國師澄觀，另號大休，生於唐玄宗開元廿六年（西元 737 年），文宗開成三年（西元 839 年）圓寂，世壽一百零一歲。由於代宗、德宗、順宗、憲宗、穆宗、敬宗、文宗七朝均奉澄觀爲國師，所以他也同時是七帝國師。影響憨山深遠的《華嚴經疏鈔》，係澄觀於唐德宗建中四年（西元 783 年），在清涼山華嚴寺發心起造，歷時三年成疏六十卷，後又增補鈔文九十卷。其中，疏是解釋華嚴本經，至於鈔則是疏文的進一步開演。僧傳記載他曾祈禱文殊菩薩加持所造疏論，以闡揚「即凡心而見佛心」、「依本智而求佛智」之無礙詣境。〔註34〕由於清涼澄觀的《華嚴經疏鈔》，引逗了憨山對華嚴思想的興趣，並決定性地影響了憨山禪學的整體風貌。所以，它是憨山自性禪學思想的重要淵源。底下，本文的處理重心，便由澄觀華嚴學中，影響及憨山自性禪之思想部份，進行探討。

一、以《華嚴經》爲一切佛說教法的根本

澄觀於《華嚴經疏》之第一門「教起因緣」中，依仿法華經之如來「開示悟入」的大事因緣說，也說：

> 今搖如來融金之德山，動深廣之智海，非小緣也。故下經云：非以
> 一緣、非以一事，如來出現而得成就，出現本爲大華嚴故。〔註35〕

前者法華之如來大事因緣，方法論上言，是以權教的方便立場，依據三乘學者的根機而應機與藥，最後以三乘均匯歸於佛乘的論點，說明教法上開權顯實的殊勝之處。所以，法華「下學而上達」的意味可謂相當濃厚。至如澄觀所謂「搖如來融金之德山，動深廣之智海」、「出現本爲大華嚴」，則清楚地係以一乘實法的絕對立場，說明華嚴的成爲一切教法根本之獨尊地位。所以，澄觀又再藉著法華的比較，對顯出華嚴終極教本的意義：

> 爲教本者：謂非海無以潛流，非本無以垂末。將欲逐機，漸施末教。
> 先示本法，頓演此經。然亦有二：一爲開漸之本，出現品云如日初
> 出，先照高山故；二爲攝末之本，如日沒時，還照高山故。無不從
> 此法界流，無不還歸此法界。故法華亦云：始見我身，聞我所說即

〔註34〕宋贊寧《高僧傳》，磧砂大藏經第卅五冊，頁 25。
〔註35〕澄觀《大方廣佛華嚴經疏》，嘉興大藏經第四冊，頁 286。

皆信受，入如來慧，此漸本也。次云：除先修習學小乘者，即開漸
也。又云我今亦令得聞是經，入於佛慧，即攝末歸本也。斯則法華
亦指此經以爲本矣。〔註36〕

澄觀認爲：華嚴義理於各種佛教的教理上言，是一個能「潛流」、「垂末」的
根源教法。這一個根源教法，一方面是「開漸之本」，成爲一切方便道、權法
的源頭活泉；一方面則又是「攝末之本」，統攝所有佛教教法，爲義理之終極
歸宿。而且，不論比況於「日初出」或「日沒時」，華嚴都是以獨一無二的高
峨姿態，接受光照。所謂「無不從此法界流，無不還歸此法界」者，即意在
表明華嚴能「流出」以及「歸結」一切教法，如果說佛教教法有三藏十二部，
那麼華嚴它就扮演著三藏十二部之環中道樞的角色。龜川教信於《華嚴學》
第一章即謂：

華嚴其教學之大成，透過佛教久遠的歷史，經過思想的磨鍊與該教
學之發達過程。其間受到其他教學之影響，亦收藏於內深處。可以
說以綜合、統一整個佛教學的同時，又回歸到釋尊之原意！〔註37〕

所謂「綜合、統一整個佛教學的同時，又回歸到釋尊之原意」，這個理解是十
分呼應澄觀思想的。不過，爲避免墮入日本學者考據訓詁的死胡同中，「綜合、
統一整個佛教學的同時，又回歸到釋尊之原意」一語，應被建議安配以「一
眞法界心」的詮釋，才能實際照顯澄觀的本意。楊慧潤〈華嚴哲學的現代意
義〉解釋華嚴之「一眞法界心」謂：

所謂「一心」，即宇宙萬有的本體及心佛的總稱。經云「心佛與眾生，
是三無差別」，心佛一如，名異而體同。……萬象森羅，含三世間，
具四法界、十玄門、六相；宇宙萬有、六道眾生，無不從此法界流，
無不還歸此法界。故全此全彼而無障礙，即知包羅法界、圓裹十方，
全是一眞法界心。在此一眞法界內，所有若凡若聖、若理若事，隨一
法亦皆全是一眞法界心。乃至唯舉一塵，亦皆全是一眞法界心。……
如蘇東坡說：「橫看成嶺側成峰，遠近高低各不同；不識廬山眞面目，
祇緣身在此山中」，可謂爲對此一眞法界心下註腳。〔註38〕

由於「一眞法界心」能在「一」與「多」之間互攝無礙，圓滿性相、理事。

〔註36〕澄觀《大方廣佛華嚴經疏》，嘉興大藏經第四冊，頁287。
〔註37〕見龜川教信《華嚴學》第一章，頁8。
〔註38〕華嚴哲學的現代意義，楊慧潤撰，哲學與文化第3卷第1期，頁18。

所以，華嚴宇宙論所摹構之「四法界、十玄門、六相」，乃至宇宙萬有與六道眾生，無不「綜合、統一」且「回歸」此心之中。

於是，理解澄觀華嚴學的通路，就由「諸經中王」導入「一心」（即眞常之如來藏自性清淨心）的主題。

二、以一心爲宗而達「生佛互在」與「凡聖不二」

在《華嚴經疏》第五門「教體深淺」中，澄觀藉著「說」（佛說）與「聽」（眾生聽）的同別二端的交互參證，說明其華嚴學的另一特色，那就是以眞常心爲主軸，貫通佛與眾生二界，以凸顯華嚴「生佛互在」、「凡聖不二」的教理：

> 約同教以成四句。謂一佛眞心外無別眾生，以眾生眞心即佛眞心故，則唯說無聽，故所說教唯佛所現。二眾生心外更無別佛，以佛眞心即眾生眞心故，則唯聽無說。故所說教即眾生自現。梵行品云：知一切法即心自性等。三佛眞心現時，不礙眾生眞心現，故說聽雙存，二教齊立。四佛即眾生故非佛，眾生即佛故非眾生，互奪雙亡，則說聽斯寂。故淨名云：夫說法者無說無示，其聽法者無聞無得。約別教以明四句，謂由不壞相，生佛互在故。一眾生全在佛中故，則果門攝法無遺。生尚在佛心中，況所說教不唯佛現？故出現品云：如來成正覺時，於其身中，普見一切眾生成正覺，乃至普見一切眾生入涅槃。又佛性論第二如來藏品云：一切眾生悉在如來智內，故名爲藏。以如如智稱如如境故，一切眾生決定無有出如如境者，並爲如來之所攝持。故名所藏眾生爲如來藏。〔註39〕

這段文字是澄觀摹寫華嚴「心佛眾生三無差別」理境之最好說明。此處，澄觀分別自底下幾個側面，提供他對這一個華嚴理境的觀悟洞見：

第一、以佛的眼光看：「眾生」的眞常心與「佛」其實等同無異，所以佛眼中之眾生，皆是佛；是故「眾生相」無。

第二、以眾生的眼光看：由於開悟眞常之眾生等同於佛，所以佛亦算是一已經開悟之眾生；是故「佛」的相也可視同於不存在。

第三、以眞常心之顯現言：「佛眞心現」與「眾生眞心現」二語因爲是指涉同

〔註39〕澄觀《大方廣佛華嚴經疏》，嘉興大藏經第四冊，頁286。

質的義涵，所以，二者可彼此相互含融而「不礙」。又因爲第一及第二可產生「佛即眾生故非佛，眾生即佛故非眾生」的遮撥詮釋，所以，佛與眾生遂得以「互奪雙亡」的方式，被直接收攝於自性清淨的眞常心中。

第四、從「不壞相」的意義言：因爲佛與眾生的表象概念，可相互含融無礙，且具本體同質的義涵，所以，又可以說：「生」（眾生）與「佛」是「互在」的。而這「生佛互在」，又可作如是表述：（一）、於果位佛的眞常心立場下觀之，眾生是以「因地佛」的方式，被理解爲具備有等佛之「正覺」與「涅槃」。所以，可以言生佛互在。（二）、因爲因地眾生成佛的種智，原即同於果位佛之「如如智」本體，在果位佛「以如如智稱如如境」（即本體即工夫）之觀境下，未成果地佛之因地眾生，於是便可以「如來『藏』」的方式，在本質上建立起它與果地佛的關聯，「爲如來之所攝持」。易言之，即令眾生處身於五濁俗世之中，在佛的無礙心眼底下，如此之塵井俗境仍然還是「如如境」，因爲華嚴係站在果地佛的立場說話，視所有現象皆乃本體之一貫流露（此亦即所謂「性起」，以有別於天臺即眾生成佛的可能立場言「性具」）。

澄觀所理解的「心佛眾生三無差別」，其主軸無非就是眞常心（或即謂自性清淨心），俗諦層面的眾生與聖諦層面的佛，就在眞常心的一貫炳現下，彼此互攝互容，而消解了原來不同範疇的經界，以達平等法界的圓融境界。這也就是說，印度部派佛教時期，以及小乘的阿含思想，對於我們生存的這個世界，原有的「十法界」、「四聖六凡」之嚴格界定，在華嚴的思想中，都可以全部被轉化成一個眞常心周遍含容的平等法界（所謂「一即一切，一切即一」者是）。所以，生佛互在、凡聖不二的判斷，當然可以成立。

而這一眞常心的主題，正是澄觀華嚴學與憨山禪學間，彼此互相流通映照的閘門。大體言之，憨山在其著述中所談論的自性本體、以及運作此一本體之方法論，都深受澄觀之影響。而且，澄觀「生佛互在」、「凡聖不二」的理念，也貫徹在以融攝爲基本思惟模式之憨山自性禪學之中，成爲憨山統會臺賢禪淨、提倡三教合一的重要依據。當然，這些話題，由於本文稍後均將逐一釐清，此處便毋需饒舌。

底下，我們關注的焦點，是「法華思想與天台教觀」。

第四節　法華思想與天台教觀

　　這一節，題名爲「法華思想與天台教觀」，主要可分爲兩個部份。其中，所謂「法華思想」者，重點是安配於《妙法蓮華經》所發展出來的「一乘」說，它與憨山禪學之自性本體，可互爲印證。而「天台教觀」，與憨山自性禪學關係密切的，則是止觀雙運、定慧等持的工夫模式，此乃憨山工夫論的靈魂。下面，分別言之。

一、法華思想之根本意趣

　　天台宗創始人智顗（智者），曾以「五時教」區分釋迦弘化之教義爲五個階段，愈是後出的教義，即愈具備義理的周嚴與成熟性。其中，《法華經》就與《涅槃經》同被列爲第五時。由哲學思想發展的角度觀，此第五時，應可視爲是佛說「精熟內容的批判性之總消化」。〔註40〕特別是「三乘歸一」的一乘觀，不僅足以證明法華思想確有消化並總結佛說教理之意義，同時，經由本體論的詮釋，它也是天台止觀法門與無情有性說的啓蒙思想。

　　由底下節引《法華經》之文字敘述，吾人便可體會法華思想的主要輪廓：

1、若眾生但聞一佛乘者，則不欲見佛，不欲親近。便作是念：佛道長遠，久受勤苦，乃可得成。佛知是心怯弱下劣，以方便力，而於中道，爲止息故，說二涅槃。若眾生住於二地，如來爾時即便爲說：汝等所作未辦，汝所作地，近於佛慧，當觀察籌量，所得涅槃非眞實也。但是如來方便之力，於一佛乘，分別說三。〔註41〕

2、十方佛土中，唯有一乘法，無二亦無三。除佛方便說，但以假名字，引導於眾生，說佛智慧故。諸佛出於世，唯此一事實，餘二則非眞。終不以小乘，濟度於眾生。佛自住大乘，如其所得法，定慧力莊嚴，以此度眾生，自證無上道，大乘平等法。〔註42〕

所謂「一佛乘」或「一乘法」，就不共法的角度言，係指絕對之果地佛，以其別異於聲聞乘、緣覺乘、菩薩乘等三乘而言一乘；就共法的涵義觀，則指向於結合龍樹空觀、假觀、中觀等般若三觀，以一心三觀之進路言一乘。前者爲《法華經》的第一序原始教理，後者則是通過天台教觀之第二序發展。在引文2中，

〔註40〕見蔡仁厚先生《中國哲學史大綱》第三卷第四章，頁166。
〔註41〕《法華經》卷三〈化城喻品〉第七，磧砂大藏經第九冊，頁150。
〔註42〕《法華經》卷一〈方便品〉第二，磧砂大藏經第九冊，頁131。

「唯此一事實，餘二則非真」已將法華的一乘思想視爲眞實的「實」法，以區別於方便說之「權」法；一般謂法華有「開權顯實」義者，即指法華思想能依據一佛乘之實法立場，破除（即「開」）之前所有方便道的不究竟圓滿的權法，《法華經》卷三〈化城喻品〉裡，釋迦就用幻化之城影喻權法的不究竟，判攝方便道之三乘乃「所得涅槃非眞實」。所以，從不共法之第一序原始教理來看，《法華經》確實有將一切方便道破除，並導歸一佛乘的明顯走向。

　　此處，格外令人注意者是，「三乘歸一」除了開權顯實的定見外，釋印順於〈從學者心行中論三乘與一乘〉中，演繹竺法護《修行道地經》之古義時，曾指出：

> 從發心說，有厭離生死心與大菩提心；從目標說，有入涅槃與成佛道。由於眾生的根性不一，如來的應機施教不一，於是乎有三乘道，有一乘道；有大而退小，有回小向大，成爲機教相關的複雜情形。……同歸一道的究極意趣，實指平等慧的解悟本無；如通泛的說，回心向大，也可說同歸一大乘了。佛法的因機設教，三乘一乘，都在學佛者的心行上立論。〔註43〕

這是順著行者之「發心」與「心行」處言三乘一乘。換言之，能發大菩提心、回心向大者，就是一乘。而這種一乘見解之極趣，釋印順認爲「實指平等慧的解悟本無」。只要能跳離一昧修出離行、取相滯有的框架（即前述所謂「化城」者），進入一乘的平等大慧之內，就是一乘。此與通過佛說教理之階段分期說、果位究竟與不究竟以言「三乘歸一」的第一序見解，又自不同；這裡強調的是目前一念心的現量心行！在《法華經》〈五百弟子受記品〉的偈語中，吾人便可借用這一現量心行，抉發「三乘歸一」的深層涵義：

> 譬如貧窮人，往至親友家。其家甚大富，具設諸肴膳，以無價寶珠，繫著內衣裡，默與而捨去，時臥不覺知。是人既已起，遊行詣他國，求衣食自濟，資生甚艱難，得少便爲足，更不願好者。不覺內衣裡，有無價寶珠。〔註44〕

這是阿若憍陳如對釋迦的布薩懺悔，也代表了所有小乘行者的普遍心病。其中，「不覺內衣裡，有無價寶珠」乃喻指行者耽溺在不究竟之離世滅度的境界中，不知自己本性當中，原來即有圓滿之菩提種子。對於始終停留在自了自

〔註43〕釋印順《佛法是救世之光》，頁141。
〔註44〕《法華經》卷四〈五百弟子受記品〉第九，磧砂大藏經第九冊，頁175。

利畛域之小乘行者言，「得少便爲足，更不願好者」就是最貼切之寫照；因爲活在出離意識掛帥的修行境界下，常不免淪於孤清幽閉之境而故步自封。由此一角度衡觀，則法華的「三乘歸一」說，就又接通了一條本體論上的詮釋進路，亦即：能一念心「覺知」菩提種性（所謂「無價寶珠」），顯發而爲現前之種種現行，即是一乘。足見，釋印順從發心之大小與心行之自利、利他界分三乘與一乘，對法華思想言，是相應的理解。

而這本體論意義之「一乘」，正是早先天台慧文、慧思一心三觀的依據，也是智顗止觀法門的發展基礎。即連慧能「心悟轉法華，心迷法華轉」所營鑄的禪學本心，同樣還是法華一乘觀的延續。所以，《法華經》以開權顯實爲宗旨，立「三乘歸一」爲思想根柢，在所有佛說教理中，確爲獨特法門，而其影響層幅廣及於天台與禪，又是中國大乘佛學發展史上的不爭事實！

二、天台教觀底下之止觀並重、定慧雙修

天台止觀，是早期的天台學者總結數息修定與達摩禪的「凝住壁觀」傳統，所發展出來之獨特的修行方法。天台學者之提倡止觀，初期並未與法華思想有明顯關聯，而純粹僅是爲因應修心入定需求的一種方便法。托名爲天台慧思的《大乘止觀法門》一書，對止觀一義，就作如下之界定：

> 所言止者，謂知一切諸法，從本已來，性自非有，不生不滅，但以虛妄因緣，故非有而有。然彼有法，有即非有，惟是一心，體無分別。作是觀者，能令妄念不流，故名爲止。所言觀者，雖知本不生今不滅，而以心性緣起，不無虛妄世用。猶如幻夢，非有而有，故名爲觀。〔註45〕

「止」，是因爲瞭解一切法「從本已來，性自非有，不生不滅」，而能在心體作用下，令「虛妄因緣」停擺暫歇，所以，其重點在乎「一心」能否運作。至於「觀」，則是建立在心體不生不滅的真理上面，對現象界的萬法，進行以「虛妄世用」、「猶如幻夢」的觀照，其關鍵仍是「一心」能否發用。因此，針對心體，天台學者又有「一心三觀」見解的提出，此於智顗《修習止觀坐禪法要》〈證果〉第十中，言之甚詳：

> 如是修止觀時，即能了知一切諸法，皆由心生。因緣虛假不實，故

〔註45〕陳慧思《大乘止觀法門》，嘉興大藏經第三冊，頁23。

空。以知空故，即不得一切諸法名字相貌，……是名從假入空觀。……
行者如是觀時，雖知一切法，畢竟空寂。能於空中，修種種行，如
空中種樹，……乃是從空入假觀。……菩薩雖復成就如此二觀，猶
是方便觀門，非正觀也。……云何修正觀？若能體知心性非眞非假，
息緣眞假之心，名之爲正諦。觀心性非空非假，而不壞空假之法。
若能如是照了，則於心性通達中道，圓照二諦。若能於自心中，見
中道二諦，即見一切諸法，中道二諦，亦不取中道二諦，以決定性
不可得故，是名中道正觀。如《中論》偈說：「因緣所生法，我說即
是空，亦名爲假名，亦是中道義。」〔註46〕

結合龍樹的中觀哲學，使天台的「一心三觀」說，大步跳離了止觀法門修心
入定的原始範疇。而此處，智顗也借用了法華的化城譬喻，認爲「從假入空
觀」、「從空入假觀」，雖可息心靜慮、作夢幻佛事，卻都仍只是方便觀門而已；
只有「中道正觀」（即「中觀」），才是究竟的眞實道。而這空、假、中三觀，
全由「通達中道，圓照二諦」的自心所包辦。所以，「一心三觀」，又可以與
法華本體義的一乘教理，兩相輻輳。

　　也因爲這一步的發展，因應禪坐需求而興起的止觀法門，遂亦有了法華
教義的基礎，而在增潤之餘，「止是禪定之勝因，觀是智慧之由借」之見解，
便呼之欲出。智顗於《修習止觀坐禪法要》書中，指出：

泥洹之法，入乃多途，論其急要，不出止觀二法。所以然者，止乃
伏結之初門，觀是斷惑之正要；止則愛養心識之善資，觀則策發神
解之妙術；止是禪定之勝因，觀是智慧之由借。若人，成就定慧二
法，斯乃自利、利他，法皆具足。故《法華經》云：「佛自住大乘，
如其所得法，定慧力莊嚴，以此度眾生」。當知此之二法，如車之雙
軌、鳥之雙翼，若偏修習，即墮邪見。〔註47〕

透過《法華經》，把「止」、「觀」二法，與「定」（禪定）、「慧」（智慧）相結
合，修止即是修定，修觀即是修慧。而且，不論就「止」、「觀」的任何一方
來看，均不可單獨地「偏修習」，因爲兩者的關係就如同「車之雙軌、鳥之雙
翼」一樣。方立天在《中國佛教與傳統文化》裡，就有這樣的看法：

佛教非常重視修養方法和途徑。早期佛教講修行是爲了超出生死輪

〔註46〕隋智顗《修習止觀坐禪法要》〈證果〉第十，嘉興大藏經第三冊，頁11。
〔註47〕隋智顗《修習止觀坐禪法要》〈序品〉，嘉興大藏經第三冊，頁1。

> 迴,脫離生滅,達到人生的解脫。後來又有了發展,修持變爲直證
> 宇宙實相的方法,即在於獲取神秘經驗——佛教眞理,而不是著眼
> 於離開生滅。印度佛教把五花八門的修行途徑和方法歸結爲兩個方
> 面:定與慧,也叫止和觀。定或止,就是禪定,著重於佛教思維修
> 習。慧或觀,就是學習佛教義理,培養佛教智慧。南北朝時,南方
> 重視義理,北方重視禪定。隋代天臺宗創始人智顗綜合這兩種方法,
> 提出了定慧雙修、止觀並重的雙軌並行主張。〔註48〕

綜結南方重智慧之義理與北方重禪定的傳統,於是,止觀並重、定慧雙修的
雙軌並行主張,便在智顗的思想架構底下成熟。就天台宗的發展史來看,這
是智顗的獨詣洞見,從中國佛教史以觀之,此即爲天台宗能與禪宗相侔的主
要原因!

　　而搭配甲‧的論點,此處可作如下簡單之歸納:

第一、法華「三乘歸一」的一乘思想,一方面具有總結佛說經教、指向絕對
　　　之果地佛的意義,一方面亦有本體論上所強調之當下現證的涵義。前
　　　者強調三乘聖人乃方便化城,只有佛乘方爲眞實究竟地,這代表法華
　　　思想的原初經教理念;後者則通過現前一念之覺知菩提佛性,依發心
　　　大小與心行之利他、自利程度,區界三乘與一乘,以此認爲能發大菩
　　　提心、迴心向大者,即是一乘。

第二、天台學者援引原先爲修心入定的止觀法門,呼應於《法華經》「定慧力
　　　莊嚴」的經義,而提出止觀並重、定慧雙修的雙軌並行主張,此舉乃
　　　深刻影響及禪宗。

那麼,究竟憨山如何看待法華天台思想呢?憨山自己在《法華經通議》卷一,
就曾說:

> 此經(法華經)乃化佛所說,據方便土,曲引三乘同歸一極。所謂
> 如來以一大事因緣故出現於世,欲令眾生開、示、悟、入佛之知見。
> 然佛知見者,乃一眞法界如來藏心,舍那證之爲法界海慧普光明智,
> 是謂一乘常住眞心。〔註49〕

憨山認爲《法華經》所稱如來應世因緣,主要是爲了讓一切眾生「開、示、
悟、入」如來的「一乘常住眞心」。而「一乘常住眞心」又等同於華嚴盧舍那

〔註48〕方立天《中國佛教與傳統文化》,頁299。
〔註49〕《法華經通議》卷一,卍續藏經四十九冊,頁800。

報身佛所證悟之「一真法界如來藏心」（即前述之「一真法界心」）。可見憨山對於法華思想之體會，原不脫離於華嚴之「一真法界心」場域，更進一步說，則都是依據於真常自性的信念而加以融攝的。又釋曉雲法師〈天台止觀如來禪〉謂：

> 天台止觀即禪，亦即中國禪法的淵源法脈。〔註50〕

《法華經》既然可通向禪之真常核心，而依據於《法華經》建立的天台止觀又是「中國禪法的淵源法脈」；其中，天台止觀並重、定慧雙修的雙軌並行主張，不僅與惠能禪學相侔，亦且為憨山禪學方法論之主要特色。則法華思想與天臺教觀，對於憨山自性禪學言，具備根源性的重要意義，那也是不必懷疑的。

　　在晚明禪門普遍之動向發展中，憨山禪學融攝臺賢禪淨為一的活動裡面，最引人矚目者，當即為禪淨合流的見解。而這其中，淨土思想之源流，又最居於關鍵。底下，本文即嘗試探討憨山自性禪學中的另一重要淵源──淨土思想。

第五節　東山法門以來之淨土思想

　　這個單元，主要是由三個子題組合而成，分別乃一、東山法門中之一行三昧，二、永明延壽之禪淨一體說，以及丙·雲棲蓮池之淨土思想三部份。其中，一、是以禪宗的原教立場，藉「一行三昧」說明禪、淨在原典上共存的微妙關係；二、則跨越至宋代，通過永明延壽《宗鏡錄》的媒介，貫通禪與淨土，追溯影響晚明佛學至深的「禪淨一體」說或「禪淨雙修」論的實際原貌。至於丙·的重點，是希望經由與憨山同時的淨土宗師雲棲蓮池之相關淨土見解，建立詮釋憨山自性禪學的可能途徑。依此安排，本文即首由「東山法門中之一行三昧」進行。

一、東山法門中之一行三昧

　　所謂東山法門，主要是以初唐時期五祖弘忍駐錫地蘄州黃梅馮茂山而得名，其教法則依據一行三昧之念佛禪為核心。唐人淨覺《楞伽師資記》載：

> 則天大聖皇后問神秀禪師曰：所傳之法，誰家宗旨？答曰：稟蘄州
> 東山法門。問：依何典誥？答曰：依《文殊說般若經》一行三昧。

〔註50〕見中華學術院佛教文化研究所《佛教文化學報》第 6 期，頁 5。

〔註51〕

依釋印順的說法，《文殊說般若經》的「一行三昧」，足以代表「五祖與六祖，五祖與其他門人間」的一貫禪風。〔註52〕也就是說，不單只是神秀遵奉一行三昧，即連與神秀風格迥異的南宗惠能，也有推崇「一行三昧」之相同做法，如「不行直心，非佛弟子。但行直心，於一切法上無有執著，名一行三昧」〔註53〕者，就是以「直心」而解一行三昧。

　　然而，究竟東山之「一行三昧」，其眞實之義蘊爲何？底下試從《文殊說般若經》（即後引之梁曼陀羅仙譯《文殊師利所說摩訶般若波羅蜜經》）及《大乘起信論》（眞諦譯本）可見的線索，尋覓「一行三昧」的原始模型：

1、佛言法界一相，繫緣法界，是名一行三昧。……欲入一行三昧者，當先聞般若波羅蜜，如說修學，然後能入一行三昧。……欲入一行三昧，應處空閑，捨諸亂意，不取相貌，繫心一佛，專稱名字。隨佛方所，端身正向。能於一佛念念相續，即是念中能見過去、未來、現在諸佛。何以故？念一佛功德無量無邊，亦與無量諸佛功德無二不思議佛法功德，等無分別，皆乘一如、成最正覺，悉具無量功德、無量辯才。如是入一行三昧者，盡知恆沙諸佛法界，無差別相。〔註54〕

2、心若馳散，即當攝來住於正念。具正念者，當知唯心，無外境界。即復此心，亦無自相，念念不可得。若從座起，去來進止，有所施作，於一切時，常念方便。隨順觀察、久習純熟，其心得住。以心住故，漸漸猛利，隨順得入眞如三昧，深伏煩惱、信心增長、速成不退、離除疑惑。不信誹謗、重罪業障、我慢懈怠，如是等人，所不能入。復次：依是三昧故，則知法界一相。謂一切諸佛法身，與眾生身，平等無二，即名一行三昧。〔註55〕

前面1、之中，毫無問題，是以能否「繫緣法界」，獲致「法界一相」，作爲判斷一行三昧的依據。最後一語，所謂「諸佛法界，無差別相」，則又兜回「法界一相」的論旨上。由此可見，一行三昧的「一行」，原是意指人在開展主觀

〔註51〕唐淨覺《楞伽師資記》，《佛光大藏經》「禪藏」之史傳部，頁44。

〔註52〕見釋印順《淨土與禪》，頁181。

〔註53〕元宗寶之《六祖大師法寶壇經》，嘉興大藏經第一冊，頁405。

〔註54〕梁曼陀羅仙譯《文殊師利所說摩訶般若波羅蜜經》，磧砂大藏經第五冊，頁400。

〔註55〕梁眞諦譯《大乘起信論》，磧砂大藏經第十七冊，頁219。

精神活動時，對於異化疏隔的萬法，完全地泯絕「差別相」，而推極致盡地完成萬法「一相」的一種般若觀照。所以，引文中有「當先聞般若波羅蜜，如說修學，然後能入一行三昧」一語，認為般若的前行修學，是主體精神活動遞升至「一行」定境的必要過程。這原本是般若超絕紛馳萬法、體悟「法界一相」的極簡易之表達，然而，卻由於它強調除了般若修學外，還須由「繫心一佛，專稱名字」的念佛方法始得以助成；因此，一行三昧就同時滲合了般若的平等觀照與「專稱名字」的念佛形式。易言之，《文殊說般若經》所表述之一行三昧，最終極的目標是「法界一相」，但所取的途徑則是實修般若觀照與念佛。在釋印順《中國禪宗史》第二章〈雙峰與東山法門〉中，就將這般若與念佛合修的一行三昧法門，解釋為道信、弘忍以降之禪門，普遍接受之念佛禪的起源。〔註 56〕當然，此處所謂念佛，是以自力方式「繫心一佛」而悟證一相法界，重點在於憑靠自心之繫念專注而契悟法界體性，與淨土宗直接依仰他力而求生淨土的作法，並不相同；但是，由於在形式上都一致認同了念佛的方便，所以《文殊說般若經》的一行三昧，遂無可置疑地，成為後來淨土宗與禪宗會通的重要橋樑。

　　從引文 1、的精神延伸出來的，是初唐北宗禪學主張與念佛以看心、看淨的路數，而無相之「淨眾」禪與宣什的「宣什」禪顯然亦受此影響，主張先念佛而後息念的修禪方式。不過，《文殊說般若經》的一行三昧，雖提示了念佛淨心的方便，但念佛終究只是方便道而已，其主要的實質部份，仍是設定在「法界一相」義的取證。所以，引文 2、《大乘起信論》的說法，便補充了前述之不足。用《大乘起信論》的角度來看，《文殊說般若經》所表述之「繫心一佛，專稱名字」，只能說是「攝來住於正念」的層次，要兌現為一行三昧，它還必須持續地「於一切時，常念方便。隨順觀察」、並更深一層地「得入真如三昧，深伏煩惱、信心增長、速成不退」，歷經持續而深刻的養成工夫，當主體精神境界已昇華為「諸佛法身，與眾生身，平等無二」這種生佛不二的定境時，才可稱之為是真正的一行三昧。《大乘起信論》與《文殊說般若經》析解一行三昧，表面上最大之不同即在於：前者緊扣主體實踐的螺旋式發展、逕依究竟道以言一行；後者則應許念佛看淨的方便、以權待實，漸進於一行。如果用南宗惠能與北宗神秀之禪風對照，南宗顯然較偏向於《大乘起信論》的態度，直接在體性上證驗一行（在惠能的《壇經》中，甚至已取消念佛的

〔註 56〕見釋印順《中國禪宗史》，頁 45。

方便道）；北宗則對照之下，偏向於《文殊說般若經》的路數。然而，不論南北宗各自見解主張如何懸異，對於東山法門中的一行三昧，卻都有「法界一相」的萬法一體之共同認知。

　　而也正是這個獨特的義理背景下，才會有永明延壽「繫緣法界，一念法界而念佛」說法的出現。

二、永明延壽之禪淨一體說

　　永明延壽是法眼宗清涼文益的再傳弟子，一方面承襲簡明細密、當機覿面之法眼宗風，一方面又益加注重藉教悟宗的方便。所以，其《宗鏡錄》向被視為宋代法眼宗的壓卷之作，而其統攝臺、賢、禪、淨諸宗義學論證，以趨悟佛性本體（即所謂「藉教悟宗」）的作法，更是巨眼先矚地開創了後來的禪學「性相合一」的發展潮流。本文附錄引王煜〈釋德清融攝儒道兩家思想以論佛性〉文，曾言永明延壽對後代影響最深刻者，即在「禪淨雙修論」，〔註57〕底下便節引《宗鏡錄》原文，檢核其說：

> 1、問：欲淨其土，當淨其心，則心外有土，何成自淨？答：至極法身常寂光土，離身無土，離土無身。依報是心之相，正報是心之體。體相無礙、依正本同。所以攝淨歸心，真空觀中，則攝相歸體，顯出法身，從心現境，妙有觀中，則依體起用修成報身。若心境祕密，圓融觀中，則心境交參、依正無礙。心謂無礙心，諸佛證之，以成法身。境謂無礙境，諸佛證之，以成淨土。……如是觀因緣境，即是化眾生；或調惡境而悟，即穢土。入佛智慧、或觀善境而悟，即是淨土。〔註58〕

> 2、今此三界，唯是心有。何以故？隨彼心念，還自見心。今從我心見佛，我心作佛，我心是佛，我心是如來。〔註59〕

> 3、若念佛、若稱名，即破覺觀，恬然心定。故經云：若有眾生，多於貪欲，常念觀音，即便得離，破根本無明。又云：一念知一切

〔註57〕其文曰：「明代的和尚幾乎都是慧能的法裔，而且發揚五代末年至宋初的永明延壽所倡的禪淨雙修論。在理論方面兼宗天台、華嚴，在實踐方面兼修禪與淨土。中國的大乘佛學，遂將臺、賢、禪、淨四宗並列。」見王煜《明清思想家論集》〈釋德清融攝儒道兩家思想以論佛性〉，頁165。

〔註58〕永明延壽《宗鏡錄》卷八十一，磧砂大藏經第卅五冊，頁863。

〔註59〕永明延壽《宗鏡錄》卷八十五，磧砂大藏經第卅五冊，頁879。

　　法，是道場皆是念佛法門也。即常行三昧，諸佛停立現前，睹法

　　界佛也。常坐三昧者，繫緣法界，一念法界而念佛也。〔註60〕

永明的說法，可依引文順序整理如次：

第一、永明之理解「淨土」，認爲應從最洞徹的「至極法身常寂光土」上著
　　　手，換言之，是將重心安置在「正報」、「心之體」上。而且，永明強
　　　調此一正報心體的本身就是非常靈動的環中道樞，它既能遍照如鏡地
　　　「從心現境」又可以「依體起用」，這樣理解下來，淨土（或甚至穢
　　　土）亦不過只是心之「相」與心之「依報」而已。而這一層意義，假
　　　如又搭配在心體「攝相歸體」與「攝淨歸心」的歸本模式下，那麼，
　　　「淨土」之存否就等於完全取決於禪者的心體了。永明所謂「調惡境
　　　而悟，即是穢土」、「觀善境而悟，即是淨土」，便係專從心體工夫上
　　　面言淨土。所以，《宗鏡錄》實際上乃主張「唯心淨土」說。

第二、不同於淨土宗之依仰他力救渡，永明認爲「我心」的自我作主，才是
　　　解脫的關鍵。而此處的「我心」，在趨悟成佛的過程上，也並不是一蹴
　　　可幾，永明言「見心」、「見佛」、「作佛」、「是佛」諸語，雖不必一定
　　　視之爲證悟境界之層序定位，然其強調實修實證之自力解脫與主張「我
　　　心是如來」的用心，卻明顯與禪宗的本心說一致。尤其呼應於「心境
　　　交參、依正無礙」義，更可清楚見出永明踵襲華嚴圓詮、融淨入禪的
　　　意圖。

第三、關於念佛、持名，永明除了順著前述一行三昧的脈絡去體會外，尚以
　　　下迴向的方式，提出「一念法界而念佛也」的新觀點。此亦即謂：用
　　　上迴向角度看待，念佛持名，意在於開顯「恬然心定」、「破根本無明」
　　　境界，上合於法界體性、「睹法界佛」，取證法界與佛是一的終極詣境；
　　　而用下迴向角度觀之，從「繫緣法界」的本體上面，依體起用，則所
　　　有一切念佛持名之境、相，都會變成是法界體性的投射貫徹，因此「念
　　　佛」即形同於「念法界」，念法界更直通於念佛！所以，通過永明這樣
　　　的陳述，念佛與參禪竟然就成爲渾淪一體、經界全無了。

歸納以上三點，可知：永明延壽《宗鏡錄》的淨土思想，形式上雖可允以「禪
淨雙修論」視之，但其實質卻是走向以禪修爲主之徹底的「禪淨一體論」。因
此，如果說憨山的淨土思想，有私淑於永明延壽者，恐怕也應是「禪淨一體」

〔註60〕永明延壽《宗鏡錄》卷八十八，磧砂大藏經第卅五冊，頁894。

的看法，而非王煜所指之表面上的「禪淨雙修論」。

不過，不管是「禪淨一體」或「禪淨雙修」，到了晚明，其實都全部被當時一枝獨盛之淨土法門所取代，從雲棲蓮池的淨土思想中，便格外凸顯這樣的特色！

三、雲棲蓮池之淨土思想

雲棲蓮池（袾宏），相較於紫柏達觀，他或許顯得不夠豪邁熱情；用藕益智旭的著述成就來對照，他的視野也太侷限於淨土；然而，與他同一時代的憨山，對之卻有「法門之周孔」的絕贊之詞，在〈雲棲蓮池宏大師塔銘〉內，憨山如此說道：

> 初師發足參方，從參究念佛得力。至是遂開淨土一門，普攝三根、極力主張，乃著《彌陀疏鈔》十萬餘言，融會事理、指歸唯心。又憶《高峰語錄》，謂自來參究，此事最極，精銳無逾此。師之純鋼鑄就者，向懷之行腳。唯時師意併匡山永明而一之，更錄古德機緣中喫緊語，編之曰禪關策進，併刻之以示參究之訣。蓋顯禪淨雙修，不出一心；是知師之化權微矣。……若夫即萬行以彰一心，即塵勞而見佛性者，古今除永明，唯師一人而已。先儒稱寂音爲僧中班、馬，予則謂師爲法門之周、孔，以荷法即任道也。〔註61〕

憨山認爲：蓮池從行腳參學的種種歷鍊中，發現了「純鋼鑄就」的不二法門，那就是將「理」上之參究，與「事」上之念佛融會在一起。理上的參究是禪，事上的念佛是淨，兩者方法雖異，目標卻一致，都在乎「彰一心」、「見佛性」。所以，蓮池也可謂受了永明延壽《宗鏡錄》的影響，而有「禪淨雙修，不出一心」的主張。不過，若以《雲棲法彙》之思想，衡估蓮池的「禪淨雙修」論，則底下幾點卻是必須釐清的。

首先，蓮池之「禪淨雙修，不出一心」主張，是以持名念佛爲定入一心的主要方法，而且其教人，也多僅以念佛三昧相示。習禪參究與持名念佛，雖然可以「雙修」，但主角仍是淨土而非禪，於〈參究念佛〉文中，蓮池謂：

> 疑者謂參究主於見性，單持乃切往生，遂欲廢參究而事單持。言經中只云執持名號，曾無參究之說。此論亦甚有理，依而行之，決定

〔註61〕《憨山大師全集》卷十四〈雲棲蓮池宏大師塔銘〉，嘉興大藏經廿二冊，頁535。

往生！但欲存此廢彼則不可，蓋念佛人見性，正上品上生事，而反

憂其不生耶？故《疏鈔》兩存而待擇，請無疑焉！〔註62〕

單持（「單持」即專注執持彌陀名號）念佛，是他終生不渝的定向，至於參禪，則僅是「兩存而待擇」下的另一選擇項。所以，蓮池的「禪淨雙修」論，雖說以「一心」為指歸，但重心還是安置在淨土念佛上，「禪」只是附麗於「淨」的光環下之第二序問題。在〈念佛不礙參禪〉文中，蓮池便對「念念究自本心」的參禪者，提出這樣的呼籲：

參禪人雖念念究自本心，而不妨發願：願命終往生極樂。所以者何？

參禪雖得箇悟處，儻未能如諸佛住常寂光，又未能如阿羅漢不受後

有，則盡此報身，必有生處。與其生人世而親近明師，孰若生蓮花

而親近彌陀之為勝乎！〔註63〕

此處很明顯看出蓮池以淨土為主的走向。他鼓勵參禪人求生淨土，一是因為他憂心參禪可能無法即身解脫、恐墮三界後有，再次輪迴；一是因為他堅信「往生極樂」確有不落三界、永不退轉的殊勝。此處，雖然沒有刻意地評騭禪、淨高下，但實際上卻已清楚坦露了其獨厚淨土的用心。

其次，關於淨土的探討，向來就只從體性層面上談論「唯心淨土」說，絕少自淨土的「有」與「無」的角度上著眼，而蓮池則從實際的往生淨土案例中，推論出「淨土不可言無」的看法，他說：

或又曰：臨終所見淨土，皆是自心，故無淨土。不思古今念佛往生

者，其臨終聖眾來迎，與天樂、異香、幢幡、樓閣等，惟彼一人獨

見，可云自心。而一時大眾，悉皆見之；有聞天樂隱隱向西而去者，

有異香在室多日不散者。夫天樂不向他方而西向，以去彼人已故，

此香猶在，是得謂無淨土乎？……夫既墮地獄，則地獄之有明矣。

淨土獨無乎？心現地獄者，墮實有之地獄；心現淨土者，不生實有

之淨土乎？〔註64〕

這種「淨土不可言無」的見解，是不是可以符應於淨土四土說（尤其是常寂光淨土與實報莊嚴土），並非蓮池要講求的；他強調的立場，完全是經驗論的立場，特別是從臨終當事者以外的「一時大眾」的角度，藉旁觀者的側面體

〔註62〕《雲棲法彙》之《竹窗二筆》〈參究念佛〉，嘉興大藏經卅三冊，頁49。
〔註63〕《雲棲法彙》之《竹窗二筆》〈念佛不礙參禪〉，嘉興大藏經卅三冊，頁50。
〔註64〕《雲棲法彙》之《竹窗二筆》〈淨土不可言無〉，嘉興大藏經卅三冊，頁52。

驗（包括其所見所聞之「天樂、異香、幢幡、樓閣」等），證明淨土的實際存在。蓮池這一做法，一方面在於強化時人對西方淨土的信心，具濃厚之起信性質；一方面也等於正式告別了傳統「唯心淨土」說的窠臼，而賦予淨土以實際存有的意義。所謂「心現淨土者，不生實有之淨土乎」，正代表蓮池「淨土實有」論的堅定立場！

再其次，蓮池對於時人普遍囫圇不清的「念佛」法門，也有一番界定。原來，在禪思想掛帥的風潮底下，「念佛」常被解釋為「實相念佛」，以與禪源本心相副應。但蓮池則指出：除實相念佛外，事實上，念佛方法還有持名念佛、觀想念佛及觀像念佛三種。在〈水陸會中普示持名念佛三昧〉文中，蓮池道出自己的看法：

> 念佛一門，分四種：曰持名念佛、曰觀像念佛、曰觀想念佛、曰實相念佛。雖有四種之殊，究竟歸乎實相而已。又以前三約之為二：一為觀想、一為持名。……古德云：觀法理微，眾生心雜；雜心修觀，觀想難成。大聖悲憐，直勸專持名號，良繇稱名易故，相續即生。此闡揚持名念佛之功，最為往生淨土之要。〔註65〕

所有的念佛方法，雖都可「究竟歸乎實相」，但類如《十六觀經》的觀想念佛或唐代善導和尚之觀像念佛，蓮池卻都未予青睞；因為「觀法理微，眾生心雜；雜心修觀，觀想難成」之故。於是，淨土念佛法門，到了蓮池手裡，就變成徹底的持名念佛了。而從後來的歷史發展來判斷，強調持名念佛的《阿彌陀經》（鳩摩羅什譯本），成為明清佛教徒的普遍讀物，且「執持名號，一心不亂」演變成淨土宗最有代表性之特癥，蓮池影響力之大，就可見一斑了。

所以，掌握了淨土思想之發展，再重新回顧於憨山禪學，對於憨山禪淨雙修的看法，我們就可以有一個比較通盤的理解。憨山在〈示半偈聞禪人〉文中，嘗云：

> 今勸禪人，第一要志求般若，了悟自心，以出生死之苦海；次要廣行眾行，普化十方、莊嚴佛土，以成淨土之淨業。除此二行，無可修者。〔註66〕

他勸半偈聞禪人應立志修持「二行」，其一是「了悟自心，以出生死之苦海」

〔註65〕《雲棲法彙》之《雲棲大師遺稿》卷三〈水陸會中普示持名念佛三昧〉，嘉興大藏經卅三冊，頁147。
〔註66〕《憨山大師全集》卷一〈示半偈聞禪人〉，嘉興大藏經廿二冊，頁407。

的般若行，即禪行；其二是「淨土之淨業」，即淨土法門。這段文字，頗能見出憨山對禪、淨的重視態度。尤其「淨」，憨山當自有一番獨到之見識，否則他斷不會說「除此二行，無可修者」。而從這種禪淨雙修的見地當中，我們一方面可以肯定淨土思想對於憨山禪學的影響力，一方面也可以藉此對勘出憨山自性禪學之卓優詣境，本文稍後之論證，正是深入地探查這個論題。

　　以上本章所論述者，是順著明末之禪學趨向，而發掘憨山自性禪學之思想淵源。在這一章當中，筆者除了臚述教內外思想之外，並大略地推闡憨山自性禪與這些思想之精微牽連。如此設計的用意，主要是希望透過憨山禪學與這些教內外思想之關係網絡，進一步證成於本文第四、五、六章之論點，以凸顯出憨山自性禪學在統攝轉化這些思想時的卓優見地。事實上，這一章只是針對憨山自性禪學所對應的禪門義理趨向，作比較縱向的深入剖析，它所豁顯的，亦僅限於禪學的思想背境之處理；對於憨山全體思想的掌握，畢竟仍屬一曲之見。但是，本章所指涉之儒道思想、華嚴思想、天台思想、淨土思想，卻都是向來研究憨山的論文中，很不容易深入的處女地。所以，本章刻意透過憨山的自性禪學背景，以相當的心力，逐一挺顯這些思想在其禪學中的意義，主要是希望將來能在這一基礎上面，有更進一步的研究；同時，筆者亦極願這一章之敘述，能有利於有心的學者，通過憨山禪學而銜轉至其它之思想領域，以集掖成裘之力，共同致力完成憨山思想之整體研究。

　　慧心之讀者，或已不難體會筆者在二、三章的根本用意，其實，這兩章的寫作，一方面是藉著時代背景與思想淵源兩個視角，對憨山自性禪作根源性之探討，一方面也代表了筆者對目前所有憨山研究論文的一種回應與期待。

　　當然，亦正如緒論所言，「時代背景」與「思想淵源」兩個部份的完成，亦僅止於本文之表層結構而已。對於蘊藏在憨山自性禪深層之主體部份，事實上仍未真正觸及。基於這個需求，本文底下之進行，乃順勢導入第四章之主題「憨山自性禪之方法論」。

第四章　憨山自性禪學的思維模式與詮釋通路

　　吳汝鈞〈佛學研究與方法論〉一文中，曾區分「佛學方法」與「佛學研究方法」兩者之不同：

> 佛學的目的，是探尋宇宙和人生的眞理，從而導致生命的解脫，而尤以後者爲其核心課題。佛陀的悲願，亦直接指向這一目標。故佛學的對象，是現實的宇宙和活生生的有情界，此中有很多學問可說。佛學研究的對象，則是以學術的態度，對這些學問加以處理。故佛學是一種生活、一種宗教活動；佛學研究則無寧是對這種生活的概念的反省，或文字的記述。……佛學既異於佛學研究，則佛學方法與佛學研究方法，自亦不同。佛學方法可從兩面來說，在思想概念上來把握宇宙人生的眞理的那種方法，與在實踐生活上來體現這眞理的那種方法。……這思想與實踐的兩路方法，在佛學中必須同時兼具、同時實行，才有進境。即強調頓悟的禪宗，在這方面亦不能例外，這是佛教中的知行合一。達摩的「二入四行」，強調兩種入道之途：一是理入，一是行入。前者是知解或智慧，後者則是修行。這兩者恐怕必須要結合在一起，才有實效。以上所論爲佛學方法。〔註1〕

吳文指出：佛學方法強調宗教活動的知行一致，並以求得生命之解脫爲核心課題；佛學研究方法則是對此一活動給予學術性之概念反省或文字記述。其

〔註1〕語見〈佛光學報〉第4期，頁237～238。

中，前者係針對宗教實踐言，後者是基於學術研究言。本章題名爲「憨山自性禪學之方法論」，前提上乃是以憨山的立場探討其自性禪學方法論，〔註2〕所以，考量的重心是奠基在憨山自性禪學之佛學方法上。

　　既然討論的重心是在「佛學方法」的層次上，那麼對於憨山自性禪學的宗教實踐〔註3〕之實質，便必須給予恰當的分梳整理。本文底下，於是權分憨山禪學之「基本思惟模式」（第一節）以及其禪學的「詮釋進路」（第二、三節）兩部份進行。之所以如此設計，主要是因爲基本思惟模式會左右整個憨山自性禪學實踐的風格，而詮釋進路則決定其自性禪學體驗的方向。

　　依此安排，底下即首先探討憨山自性禪的基本思惟模式。

第一節　憨山自性禪之基本思惟模式

一、以自性爲核心之體用論

　　憨山〈示蘄陽宗遠庵歸宗常公〉中，有一段話，對於我們理解其自性禪學之基本思惟模式，頗有提綱挈領的意義。他說：

> 所云一乘者，乃一切眾生之本心，吾人日用現前知覺之自性也。以此心性是一切聖凡之大本，故說爲乘。乘者，是運載義，故曰三界上下法，唯是一心作。除此心外無片事可得，即吾人日用六根門頭，見聞不昧，了了常知，不被塵勞妄想之所遮障，光明普照，靈覺昭然，即此一心，是佛境界，則運至於佛。若以此心廣行六度、攝化眾生，不見有生可度，亦不見有佛可成；如是一心，即菩薩境界，則運至菩薩。……是故佛說三界唯心，除此一心，無片事可得，唯

〔註2〕依蕭前之說，方法論乃是「關於認識世界和改造世界的方法的理論」，就哲學領域言，方法論則是運用世界觀的理論，沒有和世界觀相脫離、相分裂的孤立的方法論。蕭前語見大陸國務院《中國大百科全書》「哲學」第一冊，頁203。而憨山之世界觀，其實是建立在本體論意義上的「三界唯心」見解：所以就憨山之禪學言，方法論的核心，正是本論文的主題，也就是「自性」。

〔註3〕大陸學者尤西林〈佛學不等於佛教：佛教中國化研究中一個被忽略的哲學方法論問題〉即曾謂：「佛教中國化的實質，主要是印度經文的實踐化，亦即宗教化的過程。禪宗以實踐體驗性之禪，統攝戒定慧，有效地完成了從釋譯佛經的佛學到佛教實踐的轉移。這是禪宗在佛教中國化史上，地位顯赫的根本原因。」（語見〈哲學與文化〉第20卷第5期，頁494）

> 此一事更無餘事，故說一乘。非此心外別有一法可說也，若心外有
> 法，是爲外道邪見，非正法也。若了此心，則知三賢十聖及一切眾
> 生，皆一心之影響。〔註4〕

此處，憨山首先指明本心即是自性，而自性本心，可分別從四種向度展開它
的性質：

（1）根源性：自性本心是一切四聖六凡諸有情的「大本」。

（2）統一性：所有「三界上下法」，全部統一於自性本心。

（3）擴延性：當自性本心呈現佛境界時，即是「運至於佛」；呈現菩薩
　　　　　　　境界時，即是「運至菩薩」。

（4）包容性：一切萬法，皆卷藏於一心之中，心外無法。

其中，根源性與統一性是就自性的向內回歸於「本體」層面言，擴延性
與包容性是就自性的對外涵蓋之「作用」層面言。無論就以上任何一種面相
來看，都明白表示了憨山在自性的體會當中，已充份掌握了體用一如的原理。
而這一個以自性爲核心的體用一如原理，正是促成憨山形構其禪學實踐內涵
的基本思惟模式。

在憨山禪學著述中，只要涉及禪學實際體驗的話語，都可以看到此一基
本思惟模式的身影。

鄭學禮在〈禪、維根斯坦與新正教神學｜禪宗傳達眞理的問題〉一文中，
曾說：

> 法的見與悟，存乎一己，達到此一境界的人，禪家稱爲自己作主。
> 當一個人完全做得了自己的主人，那麼他的行爲是自發的，並能自
> 由發揮他的天賦與潛能。他的生活、他的行爲，都直接發自本身存
> 有的中心。因此一個眞正的禪行者，必須如臨濟宗的創立者臨濟禪
> 師所描繪的：「向外作工夫，總是癡頑漢。爾且隨處作主，立處皆眞，
> 境來回換不得」。〔註5〕

一切生活、行爲都直接發自於「本身存有的中心」，正可以生動傳達憨山這種
思惟模式的精神。而臨濟禪師的「隨處作主，立處皆眞，境來回換不得」，就
憨山立場看來，也並不突兀，因爲它們仍然是體用一如之自性，是一種在具

〔註4〕　《憨山大師全集》卷一〈示蘄陽宗遠庵歸宗常公〉，嘉興大藏經廿二冊，頁408。

〔註5〕　語見鄭學禮撰、釋若學譯〈禪、維根斯坦與新正教神學——禪宗傳達眞理的
　　　　問題〉，《哲學與文化》第15卷第4期，頁46。

體生活當中的實踐。

　　而在〈示古愚拙禪人〉文中，我們也看到憨山指導參學行者，如何將此基本思惟模式實證於日常工夫的例子：

> 以知見做工夫，其實未達唯心境界。古德云：未達境唯心，起種種分別。達境唯心已，分別即不生。汝於現前境界，還生分別否？若作觀時，似乎忘境，逢境依然分別逐境生心。如此硬說唯心，終是不得實證。縱是忘得前境，若執著唯心，則是不能忘心，乃忘所未忘能，故心境不得混融，是名智礙。況未得忘境，強說唯心，以作實法者乎？
> 古德云：絲毫未透，如隔千山。直饒做到心境兩忘，一法不立，猶知見邊事。況以思惟心作究竟想，豈不為自瞞者乎？〔註6〕

對各種內外境界「起種種分別」、或「逐境生心」，都是一般煩惱眾生的常情；而欲從常情當中超越，就必須採取非常情的手段，方能奏效。因此，憨山此處勸古愚拙禪人莫以「知見」做工夫，而應該從「唯心境界」做本體性的轉化。憨山在這裡顯然認為：只有回歸到自性核心，禪的實證才有可能。因為所有「知見邊事」，終是「不得實證」。

　　當然，這個例子也可能產生一個疑惑，那就是：憨山這種以自性為核心的禪學，是否就將淪為一種唯心主義的禪學？關於這個問題，李世傑在〈三界唯心說的基本原理〉文中，曾表示：

> 佛教的唯心說，並不是物心相對的唯心論，更不是唯物論，而是心物一體的由心論。〔註7〕

所謂「心物一體的由心論」，其實也就是憨山體用一如的自性說。因此，憨山勸人就「唯心境界」做本體性的轉化，基本上它並沒有落入相對見之中。如果綜觀其本體論與工夫論言之，則亦可說：憨山此處所顯露的方法論精神，是一方面超越心物、一方面又內在於心物的；而超越、內在之銜轉關鍵，正是體用一如的自性。

　　所以，類如憨山這種處理其禪學的思惟模式，可能就與正常的方法論有距離了。成中英〈中國哲學中的方法詮釋學──非方法論的方法論〉一文中，就如是說：

> 若人已顯示佛性的明覺，則世間為清淨涅槃，若人未顯示佛性明覺，

〔註6〕《憨山大師全集》卷二〈示古愚拙禪人〉，嘉興大藏經廿二冊，頁409。
〔註7〕語見《中華學術院佛教文化研究所‧佛教文化學報》第3、4期合刊本，頁33。

則世間爲煩惱地獄。兩者的轉化是境界的轉化，而非實體的轉
化。……此不是心理上之轉化，而是本體性的轉化。促使及表達此
一本體性的轉化的樞紐，就是方法。但方法不離本體，故方法也是
「非方法」了。無論天台、華嚴、淨土，都發揮了轉化世間的上述
「非方法」的方法意識；而禪學表現得尤其淋漓盡致。惠能說：「迷
時法華轉，悟時轉法華」，尤能表現此一本體論的方法啓發性。六祖
後的五家禪，也各有風格、各逞異彩，表現轉化世界、度化人世的
不同機智和手法。其中無論是臨濟的快捷了當，或曹洞的細察直入、
雲門的高瞻遠矚、法眼的修持詳明、潙仰的方圓默契，在在都能把
本體論的方法彰顯出來。這些方法自然不是方法論，所以仍是「非
方法」或「非常方法」。〔註8〕

憨山的基本思惟模式，正是成中英所言「方法不離本體」之「非方
法」的方法意識。由於自性本體不可說，所以，其方法論也只屬於不可說的「方法意
識」。而由此亦可知，憨山這種以自性爲核心的思惟模式，在實際運用方面，
其實是非常靈活而自由的。成中英所謂之「非方法」、「非常方法」，正說明了
這種自性之「用」的豐富性與多樣性。所以，憨山一向最反對參禪者離開自
性而向外馳求，尤其對於「增益知見」、「向外求安」而沾沾自喜的學人，經
常不客氣地給予警告，如〈示明益禪人〉中，他就說：

學人不知向上一路，但求增益知見，殊不知知見立，知即無明本，
此不知本有，而向外馳求，更欲增益其明矣。苟明其明，則明亦不
立，何益之有？故曰：爲學日益。凡言學者，則向他家屋裡求安樂
窩。縱然求得，畢竟非屬己有，既非己有，則樂非眞樂，樂既非眞，
又何從而安之耶？向外求安，自古學人之通病，非特今也。……佛
言息心達本源，故號爲沙門，學人苟能息心達本，明不必外求。蓋
不必多增，自性具足，曾何虧欠。明益禪人果能知此，頓將從前所
求多處，一齊吐卻。如傷食人，中無宿滯，則元氣自復。學人斬卻
知見，可稱無事道人矣。〔註9〕

憨山認爲：禪的眞義，就存乎體用一如的自性活動當中，「自性具足，曾何虧
欠」。倘若能體會宇宙間的每一個現象都是本體時，或每一個本體變爲現象

〔註8〕語見〈台灣大學哲學論評〉第 14 期，頁 285～286。
〔註9〕《憨山大師全集》卷一〈示明益禪人〉，嘉興大藏經廿二冊，頁 406。

時，則每一樣東西都是實在的東西，每一種法也都是絕對的法。那麼，又何苦「向外馳求」，增益自己的無明？

總之，體用合一的自性，是憨山自性禪學方法的原始出發點；而根據於自性之種種本體性轉化，便是形成憨山禪學的直接動因。

二、融攝的思惟方式

其次，更進於自性之轉化而強調「融攝」的思惟模式，也是憨山自性禪方法論的另一重點。之前本文臚述之永明「性相合會」說以及晚明佛教之「三教合一」思潮，都可支持此一思惟方式的成立。但為實際之說明方便起見，我們此處舉憨山的禪淨雙修為例。

前面在「東山以降之淨土思想」討論惠能之「一行三昧」時已知：「繫心法界」、「捨諸亂意，不取相貌」是一行三昧的主要共相，其與「繫心一佛，專稱名字」的念佛法門所達到的極境，皆是實相意義的「法界一相」，而「法界一相」又即指吾人的自性本體。職是之故，禪、淨實際上是可以依照各自修行方法上的繫心離念，共同獲得趨證於本心的目標，得到解脫。而憨山就是從如此的立場，順著「離念」的線索，融攝禪淨二行。在〈示沉大潔〉中，憨山這樣說：

> 禪淨二行，原無二法。永明大師示之於前矣。禪本離念固矣，然淨
> 土有上品上生，未嘗不從離念中修。若曰念佛至一心不亂，豈存念
> 耶？但此中雖是無二，至於下手做工夫，不無巧拙。以參究用心處，
> 最微最密，若當參究時，在一念不生。若云念佛，則念又生也。如
> 此不無兩概念，就參究念佛處打作一條，要他不生而生，生即不生，
> 方是永嘉惺寂雙流之實行也。〔註10〕

淨土行者進行「繫心一佛，專稱名字」活動時，當然是以能企獲「一心不亂」的證量為期許，而這「一心不亂」，正是憨山所謂「離念」的工夫。在此特別值得留意的是，他的「禪本離念固矣」如果對照於「禪者心之異名」，則「離念」說，其實也就是自性的一種開顯。此亦即謂，憨山融攝之思惟模式，運作的起點仍然還是聚焦在體用一如的自性上面。

不過，如此一來，在「禪淨二行，原無二法」的解釋系統下，卻無形中產生了一個困難，那就是：禪之參究在「一念不生」，而淨土之「念佛」則正

〔註10〕《憨山大師全集》卷四〈示沉大潔〉，嘉興大藏經廿二冊，頁429。

好相反，如何能使二造的極端差異消解？憨山此處所運用的，除了靈感自「一行三昧」上之同時滲合般若的平等觀照與「專稱名字」的念佛形式外，他還借用永嘉玄覺的「惺寂雙流」說，以「寂寂」之心而不執著佛號外境，用「惺惺」之心以遠離一切無明昏沉、洞見心體。所以，他主張將「參究」與「念佛」完全結合，從「一念不生」的參究中體悟「不生而生」之佛號外境，自「念佛，則念又生」裡也同時觀照心體的「生即不生」。

　　由此可證知，憨山之融合禪淨，是將淨土念佛法門的層級開拓超升到自性境界，才以禪家的路數會通禪淨的。換言之，他的「禪淨雙修」論，是以禪宗為優位的一種融攝論點；而這個融攝的思惟模式，又與其體用一如的自性轉化環環相扣，共同成為其自性禪的基本思惟模式。

　　林孟穎〈明末禪宗「禪淨雙修論」之特質──以《禪關策進》所呈現之禪淨關係為中心〉一文，曾說道：

> 從禪淨二宗的發展過程來看，兩家都是透過實踐工夫，將佛法理論簡化的宗派。因此，談「禪淨雙修」，自然也以實踐為主。所以，主張「禪淨雙修」論者，便常藉著依於佛法宗旨的實證內容之說明（如「悟」和「一心不亂」），來會通兩家之實踐方法。實證內容既然相同，方法的取捨會通，當然可以隨機而無礙了。〔註11〕

禪淨二宗「實證內容」的共通點，在憨山禪學言，即是自性之趨悟。而且，如果我們再回到憨山的本體論立場看，則不僅僅淨土可以結合於禪，舉凡華嚴、天臺、儒道思想等，亦皆可作如是體會。釋恆清法師在〈禪淨融合主義的思惟方法〉一文，討論永明延壽的禪淨合一論時，亦謂：

> 永明除了將禪淨合一，建立在理事不二的理論架構上；另一重要方法，是以「唯心淨土自性彌陀」的理論，作為其禪淨融合的依據。……中國佛教徒所主張的禪淨雙修的淨土念佛，乃指唯心念佛而言。因之透過中國人的融攝的思惟方式，禪淨融合，至少在理論上，可以找到共同的基礎。〔註12〕

就憨山的自性禪言，「融攝的思惟方式」，乃係溝通其禪學與其他經教世學的重要途徑，而釋恆清法師所謂「共同的基礎」，以憨山的語言來講，就是「禪」，亦即「自性」！

〔註11〕語見《中華佛學研究所論叢（一）「，頁102。
〔註12〕語見《台灣大學哲學論評》第14期，頁242～248。

所以，釋太虛於〈中國淨土宗之演變〉中，把憨山歸類爲「透禪融教律之淨」的佛門人物，視其乃「禪宗之淨」的代表。〔註13〕按照憨山禪學的思惟模式觀之，這樣的判斷，其實是不太準確的。

當然，憨山這一自性禪的方法論模式，正如本文一開始在釐清時代背景諸問題時所言，不可免地必亦曾接受當時學術潮流的洗禮；孫中曾〈明末禪宗在浙東興盛之緣由探討〉一文中，就曾透過陽明學的發展，拖帶出憨山此一方法論模式的時代因緣：

> 陽明學說強調自省功夫，以自省吾心之良知，爲眞理的決斷點，向上提撕，一破前人窠臼。因此，破除思想的形式束縛，是王學的一大特色。在此風潮之下，種種形式的框架，也隨著思潮的演進，而逐漸解除。形成學說間互相融通與論辯的言說場域，三教合一的論點、與陽明左派的理論發展，都是破除形式的衍生結果。……因此，佛教在此一大環境的籠罩下，也產生重新整合的新現象。所謂法性與法相、禪淨的融合，與外教的對話等，都是佛教思想的新脈動。明末袾宏、眞可、德清和智旭四大師，就是突破宗派法脈傳承關係，又會通諸宗的代表人物，成了明末大德的新典範。〔註14〕

文中稱佛教思想的「重新整合的新現象」與「新脈動」者，其實那已是惠能、永明以來，佛教面對的老問題。然而，「破除思想的形式束縛」，則確乎是王學與憨山禪學的一大交集。由此亦可證明，憨山自性禪之方法論，也在融攝的思惟模式中，反映了晚明的時代風潮。

此外，順著憨山重視實踐、遮撥知見的禪風來看，他對於禪學進路之詮釋，也是一種回歸於自性的實踐意義之詮釋。底下，分別依相應於「自性」與「融攝」之詮釋通路，逐一分說。

第二節　相應於自性爲核心而發展之詮釋通路

一、止觀雙運、定慧等持

前面的探索歷程，對於以自性爲核心的基本思惟模式，我們已經建立了

〔註13〕語見〈文史雜誌〉第 4 卷第 9、10 期合刊本，頁 12。
〔註14〕引文見〈國際佛學研究年刊〉第 2 期，頁 145。

概念。但是，剋就自性之「種種本體性轉化」，究竟藉由何種的詮釋通路才能
形成憨山的禪學，本文則並未明說。事實上，相應於本體轉化，一定要通過
「定」與「慧」的方法才有實際的效驗。其中，「定」乃在於求得思慮的純化，
以燭顯自性之本體；「慧」則在於藉由般若智之遮撥爲用，以發明自性的妙用。
而這在憨山禪學中，正是所謂「止觀雙運、定慧等持」。

　　爲展示這一方法論的詮釋通路在憨山禪學之中所具有的普遍性，底下本
文將嘗試透過憨山對於三教問題的處理方式，加以證明。

　　憨山在〈道德經解發題〉「發明工夫」中，曾曰：

> 若夫老子超出世人一步，故專以破執立言，要人釋智遺形、離欲清
> 淨。然所釋之智乃私智，即意必也；所遺之形，即固我也；所離之
> 欲，即己私也；清淨則廓然無礙如太虛空，即孔子之大公也。是知
> 孔老心法，未嘗不符，第門庭施設，藩衛世教，不得不爾。以孔子
> 專於經世，老子專於忘世，佛專於出世。然究竟雖不同，其實最初
> 一步，皆以破我執爲主，工夫皆由止觀而入。〔註15〕

依此處憨山之理路，雖然儒道佛分別有「經世」、「忘世」、「出世」諸取向之
差異，但揆其實，入手工夫卻是一樣的。引文中，憨山將老子的「釋智遺形、
離欲清淨」與孔子「毋意毋必毋固毋我」相比對，以統一「孔老心法」的方
式，說明了儒道在鏟除我見、我愛、我癡、我慢的方向上的一致性。而這個
方向，順「佛學方法」觀之，則都是破我執的一種實現。憨山在大部份談及
三教實踐工夫的論述上，幾乎都千篇一律地主張如此的做法。這個做法，狀
似平常，其實卻已指謂了自性的一種實踐途徑。例如底下的文字，憨山甚至
就將破執之後的「無我之體」以及緣無我而起用的「利生之用」，作爲其禪觀
底下之三教共通的體用論，如此的見解，對於我們之掌握其方法論的詮釋通
路，極有幫助：

> （三教聖人）體用皆同，但有淺深小大之不同耳。若孔子果有我，
> 是但爲一己之私，何以經世？佛老果絕世，是爲自度，又何以利生？
> 是知由無我方能經世，由利生方見無我。其實一也。……是知三聖
> 無我之體、利生之用皆同，但用處大小不同耳。……後世學者各束
> 於教，習儒者拘、習老者狂、學佛者隘，此學者之弊，皆執我之害

〔註15〕《憨山大師全集》卷卅〈道德經解發題〉「發明工夫」，嘉興大藏經第廿二冊，
　　　　頁 648。

也。〔註16〕

三教之間，是否可真如憨山這樣的體用說貫穿？恐怕還有仁智之見的爭議。然而，通過「破執」的方法，直接在三教問題上落實自性體用說，卻給予吾人以方法論方面的暗示。這個暗示，孤立著看，當然意義曖昧，但如果進一步跨接到「止觀」層面來看，就十分清楚了。在〈觀老莊影響論〉「論工夫」中，憨山如是說：

> 吾教五乘進修工夫，雖各事行不同，然其修心，皆以止觀為本。故吾教止觀，有大乘、有小乘、有人天乘、四禪八定、九通明禪。孔氏亦曰：知止而後有定；又曰：自誠明。此人乘止觀也。老子曰：常無欲以觀其妙，常有欲以觀其徼。又曰：萬物並作，吾以觀其復。莊子亦曰：莫若以明。又曰：聖人不由而照之於天。又曰：人莫鑒於流水，而鑒於止水；惟止，能止眾止也。又曰：大定持之。至若百骸九竅，賅而存焉。吾誰與為親。又曰：咸其自取，怒者其誰耶！至若黃帝之退居、顏子之心齋、丈人承蜩之喻、仲尼夢覺之論；此其靜定工夫，舉皆釋形去智、離欲清淨。所謂厭下麤障，欣上淨妙離。冀去人而入天。按教所明，乃捨欲界生，而生初禪者，故曰宇泰定者，發乎天光。此天乘止觀也。〔註17〕

這一段引文當中，相應於人乘、天乘之聖，憨山亦區別止觀為孔氏之「人乘止觀」、老子之「天乘止觀」。其中，「人乘止觀」的預設基礎，是以《大學》之止定誠明工夫為根本，憨山後來在六十四歲時撰《大學綱目決疑》，又對他所認為的儒家止觀工夫進行一番更明確的分疏（此將於下一章論介）。這裡很明顯地是，憨山對於道家「天乘止觀」的描繪相當詳盡，例如以「鑒於止水」及顏回心齋等等之靜定工夫言止觀之「止」，以「觀其妙」、「觀其徼」、「觀其復」言止觀之「觀」，陳榮波先生〈憨山大師心目中之老子思想〉文，曾特別針對此一止觀，做如下分析：

> 老子言天道之獲得在於妙觀，憨山特別提出「止觀」，其因在此。「止觀」包括「止」與「觀」，「觀」之前先要「止」。「止」在於離欲（離

〔註16〕《憨山大師全集》卷卅〈道德經解發題〉「發明體用」，嘉興大藏經第廿二冊，頁649。

〔註17〕《憨山大師全集》卷卅〈觀老莊影響論〉「論工夫」，嘉興大藏經第廿二冊，頁646。

我見、離我執)，「觀」是在「止」之後，心靈以一種清淨心去觀照
事物、明心見性。它是屬於一種心觀之修證工夫。大道在於妙悟，
從妙悟中流露眞諦。因此憨山大師認爲老莊之道爲一種天乘止觀，
其目的在於觀妙、觀徼、觀復，進而體悟虛無爲妙道。〔註18〕

陳榮波先生係依憨山自性禪「明心見性」之終極立場（所謂「禪者，心之異
名也」），解讀老莊的天乘止觀。其中，將「止」理解爲破我執的離欲工夫，「觀」
詮釋爲清淨自性之諦觀於現象事物；就實踐方法言，前者依於「定」，後者則
重「慧」。而如果結合在一起，即是止觀雙運、定慧等持。這一種雙運等持的
「修證工夫」，用以詮釋老莊之道時，乃體驗虛無之道；而回返於憨山禪學方
法論觀之，則是將體用一如的自性，具體兌現爲禪觀禪行的不二法門。

　　憨山在教外的問題上，都尙且依於止觀雙運、定慧等持的方式處理，以
期求「明心見性」的落實。那麼，在教內的禪學思想裡，這個實踐通路自然
更爲暢通。〈示周子寅〉文中，憨山甚至便一語論定地說「修心工夫條目，不
出止、觀、等持三門而已」，〔註19〕可見止觀雙運、定慧等持的方法，確是憨
山建構其自性禪學時，相當重要的行動綱領。

　　其次，我們還可以繼續追問：以自性爲核心的憨山禪學，如何透過實際
之行動，而將體用一如的自性詮釋出來？回答這個問題，除了應該斟酌前述
止觀雙運、定慧等持的方式之外，最重要的，是必須對憨山禪學所表達之「即
本體即工夫」的觀行方法，有相應之體會，方足以給出徹底的答案。

二、「即本體即工夫」之詮釋進路

　　正如前言，憨山之進行其自性禪學，根本的核心是依繫於體用一如的自
性，因此掌握了憨山的本體論，也就等於掌握了憨山的自性禪。然而，此處
吾人的疑問則是：就方法論立場來看，自性之「體用一如」究竟應該如何表
達？它只是一種生命的靜態攝受？抑或是應該從生命的動態加以詮釋？

　　關於這個自性的詮釋方式，憨山在《般若波羅蜜多心經直說》中，曾透
過「觀自在菩薩」的通路，加以闡述，他說：

　　以此菩薩從佛聞此甚深般若，即思而修之。以智慧觀，返照五蘊，
　　內外一空，身心世界，洞然無物。忽然超越世出世間，永離諸苦，

〔註18〕見陳榮波先生《哲學、語言與管理》，頁 60。
〔註19〕《憨山大師全集》卷五〈示周子寅〉，嘉興大藏經第廿二冊，頁 443。

得大自在。由是觀之，菩薩既能以此得度，足知人人皆可依之而修矣。──吾人苟能作如是觀，若一念頓悟自心本有智慧光明，如此廣大靈通，徹照五蘊元空、四大非有，有何苦而不度？又何業累之牽纏、人我是非之強辯、窮通得失之較計、富貴貧賤之可嬰心者哉？〔註20〕

憨山這一段話當中，扣緊的主題是般若智慧的「觀」，與洞視五蘊身心世界的「照」；他認為觀自在菩薩之所以能夠「永離諸苦，得大自在」，關鍵就在於能以智慧直「觀」以及返「照」，這原本就是《心經》的主題，只是憨山將它更進一步地導入自性的實踐脈絡中。於是，菩薩這個形象，在憨山心目中，即搖身一變，成為顯現自性妙旨的實踐典範，衪是使一般塵井凡夫「見性成佛」的期望，成為可能而又有意義的架構。而這個菩薩的架構，正是透過「即本體即工夫」的方式來表達的。也就是說，菩薩之觀照得度，也是通過自性之活動狀態而得到的，衪並非停止了生命的流動來觀照生命，而是就自性本體所稟賦的「自心本有智慧光明」，歷驗於周遭之「身心世界」，隨觀隨照，最後才以趨悟圓滿的自性、取證「見性成佛」為終極的目標。因此，「即本體即工夫」的運作模式，乃是以吾人之自性本體為輻輳核心的一種禪學方法；這一禪學方法，正是憨山用以豁顯體用一如之自性，最基要之體驗型態；易言之，透過「即本體即工夫」的實際操作，可以使得原本以自性為核心之基本思惟模式，由只具消極意義的理論層面，進一步遞升為具有積極而健全的實踐意義；事實上，如果沒有「即本體即工夫」的體驗，自性將只是一種啟發性的抽象概念而已，那麼，憨山自性禪就變成空論了。所以，在《楞嚴經懸鏡》裡，憨山便因此提出了「即生滅以證真常，旋虛妄而復妙覺」的主張，其曰：

迷此圓明湛寂之真心，結為四大，妄分六根。根塵和合，虛妄生滅，引起五濁業用煩惱，使妙圓之體，隔越而不通；若群器參乎太虛、湛淵之心渾濁而失照，似塵沙投於清水。此則本不分而分、元不濁而濁矣。今欲即生滅以證真常，旋虛妄而復妙覺，要先以此不生滅心為本修因，照破生滅之原；次審所結之根，誰是煩惱之本？若生滅入照，則當下真常。若煩惱知根，則迎刃而解。斯則能照之一心，心心寂滅；所照之萬法，法法圓通。是以頓超五濁、旋復一元。〔註21〕

〔註20〕憨山《般若波羅蜜多心經直說》，卍續藏經第卅九冊，頁843。

〔註21〕憨山《楞嚴經懸鏡》，卍續藏經第十九冊，頁62。

憨山在這一段話當中，所強調的「以此不生滅心爲本修因，照破生滅之原」的運作模式，也就是「即本體即工夫」的模式，憨山認爲它不但可以展示自性本然之眞相，而且可以創造生存的狀況。就自性展示言，在「即本體即工夫」的模式中，可以跳離「本不分而分、元不濁而濁」的無明泥淖，重現「圓明湛寂之眞心」；就生存狀況的創造言，則是「法法圓通」之即俗見眞的實現。所以，「即生滅以證眞常，旋虛妄而復妙覺」的主張，就在「即本體即工夫」的實踐前提下，成爲憨山自性禪中最普遍流通的基本論點。

本文底下第五、六章，雖然以分別說的方式，設計了「本體論」與「工夫論」的專章討論，但在前提上，卻依然是肯定憨山這種「即本體即工夫」的體證型態。而這一實現自性的根本模式，也是我們在掌握憨山自性禪方法論時，絕不可忽略的。

另外，相應於憨山自性禪之融攝思惟，其詮釋之進路，亦爲吾人所關心，底下本文的進行，便順勢進入這個論題。

第三節　相應於融攝之思維方式所發展的詮釋通路

一、「一心三觀」之中道觀

在憨山實踐取向的禪風之中，無疑的，前面論述之永明延壽「性相融會」，以及明末諸宗融合、三教合一的趨向，都是左右其融攝思惟的動源。而本文之前亦推出融攝思惟的基礎，乃爲「禪」或即「自性」。於是，此處吾人復可追問：憨山究竟又透過何種方式，將此自性爲中心的融攝思惟模式，實際地運作在禪學之中？欲回答這個問題，首先應當由「一心三觀」入手。

憨山於《首楞嚴經懸鏡》謂：

> 以一味清淨法界如來藏眞心爲體。依此一心，建立三觀；依此三觀，還證一心。故曰：無不從此法界流，無不還歸此法界。……一、奢摩陀，名空觀者，謂了一眞法界如來藏心，本無生滅、亦無諸相。蓋因一念不覺而有無明，因此無明生起三細六粗四大六根種種諸法。而此諸法，唯心所現，本無所有，但是一心。心體圓明，離一切相。……二、摩缽提，名不空觀者，謂了根身器界一切諸法既是一心，心體圓明清淨本然，周遍法界、隨緣顯現。……三、禪那，

名中道觀者。謂依此寂滅一心，照明諸法，諸法法爾，當體寂滅，
故名空。照故不空，如珠與色，非色非珠，名空不空。非寂非照，
如如平等，唯一心源，湛然不動。離即離非、是即非即，言語道斷，
心行處滅。心心無間任運，流入薩婆若海。作是觀者，名中道觀。
〔註22〕

這一段話，主題當然仍以自性爲核心，但是，對於「一切諸法」卻有三種不
同層次的分說：首先，憨山從自性的「一念不覺而有無明」觀察現象萬法，
直指萬法的虛妄本質（「本無所有」）。所以，此處所指謂的「一切諸法」，是
無明生起的法，因其本無所有，只是唯心所現、「當體寂滅」，故名「空觀」。
其次，若從自性之「心體圓明清淨本然」立場出發，當吾人認知到，本體其
實隨時隨地都在顯現其作用於現象萬法之中時，「照故不空」；則「一切諸法」
又應該被我們所肯定，此名「不空觀」。最後，實際的修行見地中，對於萬法
的「空觀」、「不空觀」則都應予超越，不特意肯定萬法或否定萬法，以「如
如平等」的態度不起任何分別心。一切重心都安置於反求實證「湛然不動」
的本體。此即謂「中道觀」。

　　而在以上憨山之「一心三觀」中，事實上已透出一個重要的訊息，那就
是：在「禪那」中道的觀照之中，現象界當中的一切萬法，其實是被視爲「如
如平等」、沒有分別的；而本體往來其間，則是「心心無間任運」，沒有罣礙，
如同華嚴的事事無礙境界一般。這個「中道觀」，在憨山心目中，並不是一種
理論，而是一種實踐，因爲「中道觀」正是其融攝思惟的動力。憨山另於《首
楞嚴經通議》說道：「弘通者貴在得本，而不貴乎泥跡。」〔註23〕又於《般若
心經直說》謂：「不起滅定而現諸威儀，不動本際而作度生事業，居空而萬行
沸騰，涉有而一道清淨。」〔註24〕其中，「貴在得本，而不貴乎泥跡」、「居空
而萬行沸騰，涉有而一道清淨」等，均是此一中道觀的落實。

　　而這一實踐原則的最明顯表現，則呈現在憨山融攝臺賢禪淨於一爐的具
體活動當中。實際上，經由本文稍後第五章的探討，讀者將可發現，憨山遊
走教內各宗、會通孔老時，均游刃有餘，無入不自得；而且，思考的主軸一
定環繞著自性本體的實證與體驗。這個現象，如果要找尋其背後之方法核心，

〔註22〕憨山《首楞嚴經懸鏡》，卍續藏經第十九冊，頁 59～62。

〔註23〕憨山《首楞嚴經通議》，卍續藏經第十九冊，頁 89。

〔註24〕憨山《般若波羅蜜多心經直說》，卍續藏經第卅九冊，頁 844。

當屬一心三觀之「中道觀」！底下，我們還可以藉由憨山〈道德經解發題〉
文，證實這個說法：

> 愚嘗竊謂孔聖若不知老子，決不快活；若不知佛，決不奈煩。老子
> 若不知孔，決不口口說無爲而治，若不知佛，決不能以慈悲爲實。
> 佛若不經世，決不在世間教化眾生。愚意孔老即佛之化身也。後世
> 學佛之徒，若不知老，則直管往虛空裡看將去，目前法法都是障礙，
> 事事不得解脫；若不知孔子，單單將佛法去涉世，決不知世道人情，
> 逢人便說玄妙，如賣死貓頭，一毫沒用處。……五地聖人涉世度生，
> 世間一切經書技藝、醫方雜論、圖書印璽、種種諸法，靡不該練，
> 方能隨機；故曰世諦語言資生之業，皆順正法。故儒以仁爲本，釋
> 以戒爲本。若曰孝弟爲仁之本，與佛孝名爲戒，其實一也。以此觀
> 之，佛豈絕無經世之法乎！……是知三教聖人所同者，心；所異者，
> 跡也。以跡求心，則如蠡測海；以心融跡，則似芥含空。心跡相忘，
> 則萬派朝宗、百川一味。〔註25〕

引文之中，憨山觀照於三教，視佛學與世學如一，認爲「世諦語言資生之業，
皆順正法」，正是基於「如如平等」之中道，；又進求超越於三教的「同」、「異」
分別，而達「萬派朝宗、百川一味」的融攝目的，所憑藉的，乃爲自性之「心
心無間任運」。由此可證，「中道觀」的平等任運原則，確是憨山自性禪學的
重要詮釋進路。

　　而最足以與這一中道觀之詮釋進路互相呼應者，正是眞諦與俗諦之圓融
相即。

二、眞俗二諦之圓融相即

　　六祖惠能曾說：

> 佛法在世間，不離世間覺；離世覓菩提，恰如求兔角。正見名出世，
> 邪見名世間；邪正盡打卻，菩提性宛然。〔註26〕

惠能此處乃表達世間法與出世間法的一種圓融趨向，這個基本的體驗型態，
左右了傳統禪宗對於眞俗二諦的看法，當然也影響了憨山，甚至成爲其禪學

〔註25〕《憨山大師全集》卷卅〈道德經解發題〉「發明歸趣」，嘉興大藏經第廿二冊，
　　　　頁649。
〔註26〕元宗寶《六祖大師法寶壇經》〈般若品〉，嘉興大藏經第一冊，頁403。

之主要行動依據。例如，在《般若波羅蜜多心經直說》中，憨山便借用「色即是空，空即是色」一義，道出了二諦圓融相即的見解：

> 恐世人將色空二字，話爲兩橛，不能平等一如而觀，故又和會之曰：色即是空，空即是色耳。苟如此觀，知色不異空，則無聲色貨利可貪，亦無五欲塵勞可戀，此則頓度凡夫之苦也。苟知空不異色，則不起滅定，而現諸威儀；不動本際，而作度生事業；居空而萬行沸騰，涉有而一道清淨。此則頓超外道二乘之執也。苟知色空平等一如，則念念度生，不見生之可度；心心求佛，不見佛果可求。所謂圓成一心、無智無得，此則超越菩薩，而頓登佛地彼岸者也。〔註27〕

這個地方，憨山主張：真諦層面的「空」與俗諦層面的「有」，不僅應當「和會」，而且應予「平等一如而觀」；只有視「空」、「有」爲一，才能頓度凡夫之苦，一超直入「佛地彼岸」。憨山這一理路的另外一種翻轉即是：若要瞭解禪學的精髓，吾人不但需要一種對於自性「真空」的直觀，而且還得斟酌於「妙有」的活動效用才行。而「真空」與「妙有」的相互融透爲一，所謂「不起滅定，而現諸威儀；不動本際，而作度生事業」以及「居空而萬行沸騰，涉有而一道清淨」者，就代表了憨山禪學之二諦圓融相即的定見。

關於這憨山此一定見，在《肇論略疏》之中，憨山還經由「能見諸法實相，是謂般若」的方式，給予更明白之托顯，他說：

> 能見諸法實相，是謂般若。雖觀空而不取證，仍起方便度生之事，是仗漚和之功也。適化眾生，乃方便之事；雖涉生死，不被塵勞所累，全仗般若之力也。是以菩薩觀空而萬行沸騰，涉有而一道清淨。
> 淨名云：無方便，慧縛；有方便，慧解。無慧，方便縛；有慧，方便解。雙照二諦，不取有無之相，故能出空入假而無礙。——是仗般若之力，故處有而不染。以不厭有而觀空，故觀空而不取證。是仗漚和之功也。斯則空有不異之二諦，權實不二之一心，同時雙照、存泯無礙。〔註28〕

洞觀諸法實相的般若，原本就是憨山自性本體的特質之一（請見本文第五章第一節之論述），憨山認爲，在觀空涉有的二諦活動當中，只有依仗般若之靈活運作，才能不被塵勞所累、且「出空入假而無礙」。換言之，般若性體的開

〔註27〕憨山《般若波羅蜜多心經直說》，卍續藏經第卅九冊，頁844。
〔註28〕憨山《肇論略疏》卷一，卍續藏經九十六冊，頁580～581。

顯，是安立二諦圓融之前提；我們只要能追索到這一個以應無窮的環中道樞，那麼，對於憨山所主張之二諦見解，自然就能建立相應的體會。

當然，憨山在這一段引文裡面，還援用了《維摩詰經》（即《淨名》）的權實看法，證成其「雙照二諦」的論旨。其中，俗諦之「方便」與真諦之「慧」，同樣都可以在般若的雙遮雙照的觀行之中，成為「處有而不染」、「觀空而不取證」的融攝境界。最後，則以真俗二諦的「空有不異」，以及般若自性之「權實不二」，兩相印合；這一步，在憨山禪學言，就象徵了融攝思惟的具體落實。

透過上述之說明可知，心靈的沉滯，將十分不利於此一融攝途徑之進行。因此，憨山禪學不僅反對以「知見」、「文字禪」參禪，也對於空掉或離棄這個人世的避世修行，深不以為然。在〈與聞子與〉中，憨山就如此說道：

> 他人之病，從世間貪癡起；足下之病，從為遣貪癡起。病雖不同，為病則一。足下憤憤要出生死，將謂脫塵網為出生死，不知離妄想網為真出生死。況父母恩不能頓報，若以遠離為報，則重增父母之憂，是返苦于親也，何報之有？以不得脫離，日夜癡癡妄想，以為不遂其志，則道未辦而苦芽先增長矣，豈非大癡耶！〔註29〕

憨山認為脫離世間法，並不能等同於「出生死」；真正的出生死，應是指向於離卻心中的妄想分別。所以，在憨山的自性禪方法之中，我們確實可以深深感受到惠能「佛法在世間，不離世間覺」的充份流露。當然，掌握了這一種二諦圓融相即的方法論，對於解讀憨山自性禪學而言，是有絕對性的幫助。

巴壺天先生在〈禪宗的思想〉中，曾經綜結中國禪宗的三種特質：一、貴自求不貴他求；二、貴行解不貴知解；三、貴超聖不貴住聖。〔註30〕此一見解，十分深刻地抓住禪宗強調自力、實證以及超越的行動風格。而本章在探討憨山禪學方法論之中，亦強烈感受到這三種特質在憨山身上的重要意義。就禪學方法言，憨山自性本體為中心的基本思惟模式，以及重視定慧等持、止觀雙修、即本體即工夫的進路，均在在透露了「貴自求」、「貴行解」的特質；而強調融攝的思惟方式，以及超越相對分別的中道觀，乃至真俗二諦之圓融相即，則符應於「貴超聖不貴住聖」的方向。其中，「貴自求」與「貴行解」，尤特別能突出憨山自性禪方法論層面的精神，釋恆清法師〈禪淨融合

〔註29〕《憨山大師全集》卷九〈與聞子與〉，嘉興大藏經廿二冊，頁478。
〔註30〕巴壺天先生〈禪宗的思想〉一文收錄於〈現代佛教學術叢刊之2〉《禪學論文集》，引語見 P139～142。

主義的思惟方法〉就這麼說：

　　禪宗最獨特的思維方法，在於它的非論理性和反權威性。〔註31〕

因為「貴自求」所以潛藏有「反權威性」，而「貴行解」則相對遮遣知見，故有「非論理性」。釋恆清的看法，相當明銳地點出禪宗方法論的獨特處。當然，它對於本章所凸顯的主題，也是很好的說明。

　　底下，本文欲緊接著進行的，是討論憨山自性禪學的本體論。

〔註31〕語見〈台灣大學哲學論評〉第 14 期，頁 236。

第五章　憨山自性禪學的本體論基礎與動向轉化

　　如緒論之言，憨山從未嘗試就其本體論義蘊，做一種理論上的全盤剖析，憨山本人所處理的，多半只是零散的法語開示，或僅是根據於自性體悟的直接流露。由於憨山根本無意於理論思維之程序展現，遂使其本體論的論證程序，相形地簡易化，甚至流失了嚴密的推論意義，使其禪學在理性領域裡面，往往只是一些不具任何成立論據的主觀境界語。當然，就憨山自己而言，他也只是純依自己對自性的真理信念去思索，憨山的禪者性格，並不容易鼓動他在「不立文字」的見地外，去進行系統化的理論建構。但是，本文基於學術立場的考慮，卻必須對憨山渾括籠統之禪學論點，進行體系化的解決。

　　所以，本章第一節部份，將首先嘗試重塑其理論基礎。由於憨山對於架構理論的知性探索，無甚興致，而且在表達或詮釋本體論思想時，也多僅依於個人之禪悟經驗，雖然多半已抓住自性的大體，卻拋落了理論基礎之重要細節；所以，本章第一節將透過傳統佛教理論的通路，試著凸顯出其本體論之基礎。此外，憨山對於當時流行之教內外思想，也從自性本體的層面，給予了相當圓融之消解，一方面他透過自性重新發掘了傳統經教理論的真諦妙竅，一方面則是把克服或化除不同思想領域的經界歧異，視為一種彰顯自性的可貴試煉。所以，本章的第二節部份，將針對「本體論之動向發展」做這樣的探索；相信此一層面的挺出，將十分有助於禪學本體論的深化與豐富化，而且，更可看出憨山自性禪學本體論，在老根上發新葩的開創性。

　　底下，本文首先將進行第一節部份。

第一節　憨山自性禪學之本體論基礎

在〈答許鑑湖錦衣〉文中，憨山提出了「禪乃心之異名」的見解。〔註1〕這句話強烈暗示著他的禪學，與心性為主題之本體論，實有同質性的關係。而吳汝鈞〈佛學研究與方法論〉則說道：

> 從學習的歷程來說，禪宗的到理想之路是直線的。只要從自心中理會得那個主人、那個父母未生前的本來面目，而切實修行便可。有朝一日，總會覺行圓滿而得道。〔註2〕

依此看法可知，順著本體論的通路，將是最直接掌握禪學核心的捷徑。憨山的「禪乃心之異名」說，同樣亦指涉了這一本體論的特性。

那麼，接著吾人可再追問：憨山的本體論，到底所指為何？究竟它是在什麼樣的架構下產生的？本文底下的探討，就是試圖去找出解答。

關於憨山的本體論，到底所指為何的問題，我們其實可以有兩種回答方式。第一種方式，就是以「真常自性」或「一真法界性」乃至「如來藏自性清淨心」一語帶過。簡截明瞭，也不致出錯。第二種方式，則是回到憨山的相關著述，重新掘發本體論的可能線索，從而推論其本體論的諸項特質與其所以成立之基礎架構。而仔細評估下來，第一種方式雖然簡單又不出錯，但卻往往流於顢頇武斷、缺乏客觀文證，不具說服力。至於第二種方式，則很顯然可以輕易避開前者的缺點，但也令人擔心會墮入考據訓詁的無底洞去。

酌情於如此的考量，所以，本文接下來的處理模式，便希望能綜合兩個詮釋方式的精神，以求達到不偏不倚之中道。首先，本文先探討憨山自性禪之本體論特質。

（一）憨山自性禪之本體論特質

憨山現存著作中，談及自性本體的論述，繁不勝舉。然而細予汰濾分別，大體可區分為三個不同面相：一是透過真常論點所描繪之自性本體，此可以法華、華嚴之思路為理解線索；一是藉由般若空觀之蕩相遣執，所貞定出來的「智慧光明本心」，此可以般若經系典籍相印證。再其次則是真常與般若合流之自性說，其基礎則源自於禪宗。

當然，筆者必須承認，在憨山自性禪學的實際經營之中，憨山本人並沒

〔註1〕《憨山大師全集》卷七〈答許鑑湖錦衣〉，嘉興大藏經廿二冊，頁460。
〔註2〕見〈佛光學報〉第4期，頁279。

有刻意地分辨出自己所使用的本體指謂，究屬何種面相。絕大多數的情況是，這三種面相被融合爲一、而不予區別。事實上，對於本體作各種剖析，純粹是基於學術上的需要，憨山對於這種論理上之分別說，根本沒有興趣。所以，底下之論述，僅是學術上之分別說，在憨山而言，它們是一體的。

於是，爲證明憨山之本體論確有上述之三種面相，下面乃分別節引憨山箋注之經疏中具代表性者，排比如下：

1、真常論點之自性說

例如《法華經通議》卷一，憨山即以「諸佛如來唯一大事因緣」一義，說明「眾生本具佛之知見」的本體論立場：

> 約喻則取象蓮華，約法則直指心體也。然而此心在佛，則爲普光明智，亦名實智，又名一切種智，亦名自覺聖智，故名佛知見。在眾生則爲根本無明，以眾生本具佛之知見，但以無明蔀郁而不知。故諸佛出世，單爲揭示此心，使其眾生自知自見而悟入之。故曰諸佛如來唯一大事因緣故出現於世，所謂開示眾生佛之知見，使得清淨。
>
> 〔註3〕

「直指心體」，此一「心體」非僅爲佛所獨有，眾生亦「本具」且「清淨」相常在。憨山此處的本體詮釋，明顯是眞常系統下的見解。而《觀楞伽阿跋多羅寶經》卷一，亦謂：

> 楞伽寶喻識性，故寶山寶城、佛魔同住，喻五蘊身心是。一切聖凡所依止故，以如來藏爲體，謂如來藏是善不善因故。自性清淨，轉三十二相、入一切眾生身中，故性自性第一義心爲宗，一切聖凡所同證故。〔註4〕

以「如來藏」爲體，是一切聖凡「所依止」以及「所同證」。這也是十分清晰的眞常本體論。

2、般若空觀之自性說

憨山於《般若波羅蜜多心經直說》裡，提出了眾生「本有智慧光明之心」的本體見解，他說：

> 世人不知本有智慧光明之心，但認妄想攀緣影子，而以依附血肉之

〔註3〕憨山《法華經通議》卷一，卍續藏經四十九冊，頁801。

〔註4〕憨山《觀楞伽阿跋多羅寶經》卷一，中華大藏經一百廿六冊「續經疏部」第八，頁708。

> 團者為真心,所以執此血肉之軀,以為我有。故依之造作種種惡業,念念流浪,曾無一念回光返照而自覺者。日積月累,從生至死、從死至生,無非是業、無非是苦,何由得度?惟吾佛聖人,能自覺本真智慧,照破五蘊身心本來不有,當體全空,故頓超彼岸,直渡苦海。〔註5〕

這一個「本有智慧光明之心」,是由「照破五蘊身心本來不有」的當體全空之中,由破而立所產生的。換言之,是由般若的靈通徹照而親晤這個本體的:

> 吾人苟能作如是觀,若一念頓悟自心本有智慧光明,如此廣大靈通,徹照五蘊原空、四大非有,有何苦而不度?又何業累之?牽纏人我是非之強辯、窮通得失之較計、富貴貧賤之可嬰心者哉?此乃菩薩學般若之實效也。〔註6〕

這個說法,移渡到《金剛決疑》時,憨山就以特別的稱呼——「金剛心」名之:

> 般若,此云智慧,乃是佛的心,所謂佛智慧也。波羅蜜義,云到彼岸,乃指此心極盡處也。今題云金剛般若波羅蜜,標此經所說,特顯佛一片金剛心耳。且金剛心乃佛修因證果之本心,今出世教化眾生,亦全用此心。〔註7〕

同樣的,「金剛心」也是般若空觀底下所形成的本體。

　　3、真常與般若合流之自性說

　　《百法論義》中,憨山以「達摩所傳禪宗」比對於馬鳴之「一心二門」,從而指出禪家結合真常與般若之本體論:

> 唯馬鳴大師作起信論,會相歸性,以顯一心迷悟差別。依一心法立二種門,謂心真如門、心生滅門。良以寂滅一心,不屬迷悟,體絕聖凡。今有聖凡二路者,是由一心真妄迷悟之分,故以二門為聖凡之本。故立真如門,顯不迷之體;立生滅門,顯一心有隨緣染淨之用。如知一切聖凡修證迷悟因果,皆生滅門收其末後。拈華為教外別傳之旨,乃直指一心、本非迷悟、不屬聖凡,今達摩所傳禪宗是也。〔註8〕

〔註5〕憨山《般若波羅蜜多心經直說》,卍續藏經卅九冊,頁842。
〔註6〕憨山《般若波羅蜜多心經直說》,卍續藏經卅九冊,頁843。
〔註7〕憨山《金剛決疑》,卍續藏經卅九冊,頁113。
〔註8〕憨山《百法論義》,佛教大藏經一百四十三冊「續論疏部」第四,頁1129。

「直指一心」，是眞常的立場；「本非迷悟、不屬聖凡」則揉合了般若的不二
精神。所以，憨山所認知之「達摩所傳禪宗」，是眞常與般若合流之自性說。
而他在說明馬鳴之「如來藏」思想時，也一樣貫注了這一本體論精神：

> 起信論云心眞如者，即是一法界大總相法門體，所謂如來藏清淨眞
> 心也。依此心體有三種名：一、空如來藏；二、不空如來藏；三、
> 空不空如來藏。謂此心體本來清淨，一法不立，是故名空。具有恆
> 沙稱性功德，故名不空。三空不空者，即此二體，但是一心，寂照
> 同時。寂故名空、照故不空，存泯無礙，名空不空。〔註9〕

不論「如來藏」被冠上「空」、「不空」或「空不空」，「存泯無礙」的融合性
格始終存在。對於一個如憨山的禪者言，可能鑄合眞常與般若之自性說，才
是眞正之「存泯無礙」的詮釋依據。

（二）憨山自性禪之本體論架構

於是，在釐清了憨山自性禪學的三種不同面相之本體論後，吾人又可追
問原先預設的另一個問題：究竟它們是在什麼樣的架構下產生的？此亦即
謂：憨山如此多樣性的本體論風貌，其觸及的理論基礎爲何？

處理這一問題，方法論上面，筆者想參用勞思光的「基源問題」探討模
式，當然，葉海煙〈所謂「基源問題」──勞著《中國哲學史》的一項商議〉
所指斥勞氏之約化、形式、單元等三項危機，〔註10〕在本章一開始便已清楚
意識到而極力加以避免。因此，本文接下來的步驟，是逐一針對憨山自性禪
學之本體論特質，設計出對應的理論詮釋脈絡，以凸顯其本體論的理論基礎。

這其中，對應於（1）眞常論點之自性說，本文是藉助於融合眞常、唯識
之《大乘起信論》，選擇《起信論》的原因有二：第一、它是憨山在各種著述
中，最常引用的；包括注解《楞嚴經》、《楞伽經》、《法華經》等，甚至談論
海印華藏海世界時，憨山都往往先通過《起信論》的義理接引，再進行經文
的通議、直說。所以，《起信論》的論點，原本就是憨山眞常本體的最好通路。
第二、《起信論》的完成時期較晚，對於眞常典籍的統攝性與代表性是可以被

〔註9〕憨山《楞嚴經通議》卷一，卍續藏經十九冊，頁90。
〔註10〕葉海煙於〈所謂「基源問題」──勞著《中國哲學史》的一項商議〉文中指
　　　出：「勞氏基源問題研究，可能面臨如下的危機：（一）約化主義；（二）形式
　　　主義；（三）單元主義。約化有害思想的還原，形式不能自任何的本質、義含
　　　或實體性中脫卸，而單元主義更是多元觀點的大敵。」語見〈東吳哲學傳習
　　　錄〉第3號，頁125。

接受的。〔註11〕所以，（1）真常論點之自性說，其後設論理基礎，便由《起信論》擔綱。

其次，關於（2）般若空觀之自性說，本文則是通過龍樹的自性說來加以說明。如此安排的理由十分簡單，因為中國的空觀思想，實際上是自鳩摩羅什譯述龍樹哲學後才正式開始。而憨山青年時期因讀《肇論》開悟，其中，僧肇的思想，根本也就是龍樹的思想。「龍樹」哲學在中國佛教的發展歷程，其實就是般若哲學的發展歷程。因此，想為憨山之般若自性說，爬梳基源性之理論源頭，本文的考慮，是借用龍樹的自性說。

至於（3）真常與般若合流之自性說，發展的軌跡既屬禪宗，則考慮由惠能的自性說進行，應屬恰當。事實上，在《六祖法寶壇經》中，我們亦確實可以見到將真常與般若合流的自性說之源頭。

因此，憨山自性禪學的本體論基礎，就依循其原有之本體論特性而架設成形。底下便逐一分說。

一、《起信論》之真常心理論

從憨山《大乘起信論疏略》〔註12〕中，可大概見出其真常心理論的架構，憨山之華嚴、法華、淨土、儒道思想，都幾乎是此一真常理論的延伸，其重要性可見一斑。為實際之說明方便，本文底下擬就「自性之界說」、「一心二門」、「本覺說」、「三界唯心轉」諸論點，依序逐一闡述。

（一）自性之界說、一心二門

首先，吾人應先瞭解者，馬鳴《大乘起信論》（底下簡稱《起信論》）對於「自性」的界說，是以如來藏自性清淨的角度進行的，其曰：

> 復次真如自體相者，一切凡夫聲聞緣覺菩薩諸佛，無有差別增減，
> 非前際生，非後際滅，畢竟常**恒**。從本以來，自性滿足一切功德，

〔註11〕釋恆清法師「《大般涅槃經》的佛性論」文，曾區分如來藏系的經論為三個時期：「第一時期包括三世紀初陸續出現的主流典籍，如《如來藏經》、《不增不減經》等。中期的則有《佛性論》、《寶性論》等。後期的是融會如來藏說與唯識說的經典，如《楞伽經》、《大乘起信論》等。」引語見〈台灣大學文學院佛學研究中心學報〉第1，頁36。

〔註12〕憨山《大乘起信論疏略》見錄於嘉興大藏經十九冊，全文共二卷，底本係以法藏賢首四卷本之《大乘起信論疏》（見嘉興大藏經第七冊，頁447～471）為主，憨山批注為輔。

> 所謂自體有大智慧光明義故、遍照法界義故、眞時識知義故、自性
> 清淨心故、常樂我淨故、清涼不變自在義故。具足如是過於**恒**沙，
> 不離、不斷、不異、不思議佛法，乃至滿足無有所少義故。名爲如
> 來藏，亦名如來法身。〔註13〕

這裡對於自性的說明方式，乃直接由不變不動的眞常心立場開展其本體論，從這個角度觀之，此一本體論有四個特質：

第一、此自性不會因爲不同靈修層級之有情而產生差異，它是凡聖同一
　　　的。

第二、此自性不受生滅法影響，它具有「畢竟常**恒**」的恆在性。

第三、此自性本身賦有遍顯一切法的智慧光明，自體就能具足一切功德。

第四、此一自性如涅槃四德一般，恆處「清涼不變自在」之清淨地。

而《起信論》的自性說，將這四個特質綰合無間，復命其名爲「如來藏」、「如來法身」；憨山之如來藏理念，即是根源於《起信論》的系統。此處特別值得注意的是：《起信論》的自性說，就「空」、「有」的相對層面言，它是屬於強調「有」的自性說。〔註14〕這與般若空觀藉著蕩相遣執而托顯自性的方式，並不相同。但在後來禪宗惠能自性說的發展中，《起信論》的眞常自性說，事實上與般若空是結合在一起的；此在惠能如此，憨山亦復如是。

　　此外，針對「一心二門」說，憨山之《大乘起信論疏略》則有如下的說明：

> 如來藏含於二義：一約體絕相義，即眞如門。謂非染淨生滅，不動
> 不轉，平等一味；性無差別，眾生即涅槃，不待滅也。二隨緣起滅
> 義，即生滅門。謂隨薰轉動，成於染淨，染淨雖成，性恆不動。……
> 故《楞伽》云如來藏名阿賴識，而與無明七識共俱，如大海波，常
> 無斷絕；並約生滅門說也。然此二門，舉體通融，體相莫二。此無
> 二處，諸法中實，不同虛空，性自神解，故云一心。〔註15〕

〔註13〕憨山《大乘起信論疏略》，嘉興大藏經十九冊，頁392。

〔註14〕而根據釋恆清法師之說，《起信論》已「融通了唯識與眞常二系的染淨說，並提供了解釋人性善惡兩面的另一思路。因其有濃厚的融通意味，遂成爲爲中國佛教法性宗人性論的基石」。這其實是將《起信論》的自性說延伸到人性論的視角上，基本上這也是偏向「有」的層面強調自性。所以，《起信論》的自性說，與般若空觀藉著蕩相遣執而托顯自性的方式，有相當明顯的差異。上引文證，見釋恆清法師〈大乘起信論的心性論〉，《台灣大學哲學論評》第12期，頁254。

〔註15〕憨山《大乘起信論疏略》，嘉興大藏經十九冊，頁379。

如來藏自性清淨心是可以取「體」、「相」分別看待的。就「體」的層面言，如來藏自性清淨心除具足前述四種特質外，它本身也同時是超越相對法的絕相存在，此即所謂「眞如門」。就「相」的層面言，如來藏自性清淨心則會因爲同依的阿賴識「隨薰轉動」、「與無明七識共俱」的緣故，而成就各種執著分別的染法以及遠離分別的淨法，此即所謂「生滅門」。順著《起信論》的觀點來看，「眞如門」與「生滅門」在如來藏自性清淨心的攝持下，二者是「舉體通融，體相莫二」的，換言之：眞如之體與生滅之相，又畢竟還原爲「一心」（而此「一心」則仍爲如來藏自性清淨心），而有本體論層面之「體」、「用」不二。由此可知：這種「一心二門」的論理，實際上雖然是在於強調眞常自性的存在，〔註16〕但從本體論的意義衡觀，禪家契欲逆證的自性本心，若要與此眞常自性相侔，則必然要開出體用不二的觀照境界，如此，眞常自性才能相對凸顯出來！

（二）本覺說、三界唯心轉

於是，《大乘起信論疏略》中，又借用了「大乘起信」、「摩訶衍」的名相，詮釋此一眞常心；並透過「始覺」、「本覺」、「心源」的巧妙圓說，證明此眞常自性的確然存在，文曰：

1、言大乘起信者，爲欲發起大乘正信故。言大乘者，即所信之法體。所言法者，謂眾生心；是心即攝一切世間、出世間法。……摩訶衍，此云大乘，謂所宗心法，即是大乘；能信此心爲大乘根本。有此勝益，是故須說。〔註17〕

2、虛空有二義，以況於本覺：一周遍義，謂橫遍三際、豎通凡聖。二無差別義，謂在纏出障，性恆無二故。……本覺隨染，要待始覺，方名本覺。覺至心源，本無二相。……始覺是本覺所成，還契心源，融成一體，方名始覺。〔註18〕

〔註16〕尤惠貞《大乘起信論如來藏緣起思想之探討》一文，就依據「不變」與「隨緣」的互動運作，解釋此一眞常自性的存在性格。然而，尤文亦指出，這種一心二門的模式當中，不容易圓說何以有「無明妄現」的問題。其文謂：「《起信論》之心眞如，是智如不二之眞如心，故能不變隨緣起一切法，同時也能隨緣不變而還滅一切法。『不變』與『隨緣』中，有無明不覺的妄現，很容易被誤解爲『本體論的生起論』。見尤惠貞《大乘起信論如來藏緣起思想之探討》，頁119。

〔註17〕憨山《大乘起信論疏略》，嘉興大藏經十九冊，頁377。

〔註18〕憨山《大乘起信論疏略》，嘉興大藏經十九冊，頁382。

　　這兩段文字，我們可依序理解如下：

第一、由於心體能包攝世出世間一切法，故此心乃是「大乘」所信之法體、
　　　所宗之基本。易言之，所謂「大乘起信」者，是以眾生「心」為造論
　　　主題；強調此體性層面之心法，才是大乘的根柢。

第二、既然心法是大乘之根柢，如何「還契心源」便成為實踐的重心。而它
　　　的還原歷程是：先有「始覺」的漸次修為，而後逐漸彰著真心本有之
　　　覺性（即「本覺」），最後才是直契如來藏自性清淨心，「覺至心源，本
　　　無二相」。這整個「還契心源」的歷程中，由於「始覺」也是來自「本
　　　覺」之喚醒（「本覺」與阿賴耶同，皆是凡聖一致、染淨同依），不必
　　　假於外緣，所以，「還契心源」實際上是本覺內證的一種活動。

從第一點之中，透露了馬鳴《起信論》真常唯心的哲學論點：就性體言，它
主張確有真常之如來藏自性清淨心，應予「正信」；就宇宙論言，則強調三界
唯心，心為一切法成立的動力因。至於第二點，亦明顯與《攝大乘論》之唯
識學的見解不同，差異在於：《起信論》認為本覺阿賴耶係染淨同依，只要本
覺阿賴耶能轉淨內熏，就自性本心處即可完成轉識成智，毋須仰賴外來之正
聞熏習；而無著、世親則以阿賴耶為染法，必須假藉外爍之正聞熏習，才能
轉識成智。

　　在憨山之《大乘起信論疏略》中，正好有一段文字，可代表這種《起信
論》的精神：

　　　　一心隨無明動作五種識故，故說三界唯心轉也。此心隨熏現似曰虛，
　　　　隱其虛體、詐現實狀曰偽；虛偽之狀，雖有種種，然窮其因緣，唯心
　　　　所作。……一切法皆是此心隨熏而起，更無異體，故說唯心。〔註19〕

又於〈示福厚禪人〉文中，憨山亦說：

　　　　蓋出世人福田漸積而厚，至佛乃足。猶如積微塵以成大地，厚之至
　　　　也。吾佛世尊從無量劫來，捨頭目隨腦、積功累行，乃得菩提。菩
　　　　提為涅槃之安宅，福樂之極地也。苟不積何以至此哉？然如者，乃
　　　　如如佛性，吾人本有，良由積劫煩惱侵蝕，故煩惱情塵日厚，而如
　　　　如佛性薄矣。今既知佛性本有，不假他求，從此日用念念知歸，但
　　　　見情塵起處，以智光照之。久久純熟，則佛性厚而煩惱薄，煩惱薄
　　　　而業障輕，業障輕而生死斷。是由積真如以斷生死，求證菩提，享

───────────────
〔註19〕憨山《大乘起信論疏略》，嘉興大藏經十九冊，頁386。

常樂我淨之厚福。豈非由積而至耶？故曰：水之積也不厚，則負大
舟也無力。〔註20〕

現象界一切法，都是「隨熏而起」的心所推動形成的，因此，可以說是「三
界唯心轉」。憨山「唯心識觀」的建立，便是在《起信論》這樣的脈絡中形成。
而他教導福厚行者，應在平常日用之中訓練「念念知歸」、以自性本具的智慧
之光斷去情塵煩惱、由「積真如」而求證菩提覺性的作法，也是《起信論》
精神的直接貫徹。所以，無怪乎〈答許鑑湖錦衣〉文中，憨山會有「禪乃心
之異名」如此見解的提出：

若以坐為禪，則行住四儀又是何事？殊不知禪乃心之異名，若了心
體寂滅，本自不動，又何行坐之可拘。苟不達自心，雖坐亦剩法耳。
〔註21〕

將「禪」直接等同於「心」，樹立這一見解的靈感，應是得益於《起信論》自
性真常的理論。而提出「苟不達自心，雖坐亦剩法耳」的看法，若不從惠能
《壇經》處探源，則其觀念之原型也是直通於《起信論》的。由是可知：《起
信論》思想對憨山自性禪學體系言，的確具有十分重要的意義。

而與《起信論》同屬真常心系統之楞伽思想，也有相同的自性見解。這
對於爾後惠能《壇經》之自性說的形成，乃至憨山之禪學體系，都有直接之
影響。當然，以真常理論言自性，自性是恆在的實有，此處自無疑義；〔註22〕

〔註20〕《憨山大師全集》卷四〈示福厚禪人〉，嘉興大藏經廿二冊，頁425。
〔註21〕《憨山大師全集》卷七〈答許鑑湖錦衣〉，嘉興大藏經廿二冊，頁460。
〔註22〕這個觀念，也同時貫徹於華嚴的「一真法界心（性）」，釋恆清法師〈大乘起
　　　信論的心性論〉文中，就指出：「華嚴宗理事無礙的無盡法藏世界，即建立在
　　　《起信論》的真如緣起上。而禪宗所要體證顯現的『含生同一真性』，亦不外
　　　乎是《起信論》所言的人性本具的真如心」。見《台灣大學哲學論評》第 12
　　　期，頁235。不過，《起信論》的自性說也不是全無問題的，如尤惠貞所提出
　　　之「無明」生起之困局，以及自性說被質疑偏向「有」的問題，都並不是《起
　　　信論》本身能清楚交待的，這似乎仍須有進一步的詮釋才可以。而釋恆清法
　　　師〈大乘起信論的心性論〉文內，倒是從「如來藏空性義」以及「無明『憑
　　　依』真如而存在」的角度，消解了這些理論上的困難。《台灣大學哲學論評》
　　　第 12 期，頁253～254 之中，釋恆清法師便謂《起信論》有「三難」，當然，
　　　亦有「三解」：
　　　《起信論》產生三點疑難：一、真常易被指為『實有本體』。解決之道是：一
　　　方面應從如來藏空性義上辯駁，一方面可把如來藏（佛性）視為宗教實踐的
　　　潛能，以別於實體的自我。二、若眾生真如本性清淨，則雜染何自？《起信
　　　論》乃以無明的作用做為解釋，至於無明的起源，則被視為「法爾如是」的

不過，如果對照以般若系統的自性說，見解就有頗大差異了。底下，即延伸此一論題，續由龍樹之自性說進行。

二、龍樹之自性說

從以上之討論看來，順著眞常心的系統來看自性，自性確實顯出「有」的肯定姿態，但若相對照於龍樹的般若系統，「自性」便又有不同的處理了。

如前所述，龍樹的般若思想，是走向一切法「畢竟空」的，因此其般若學常被稱爲空觀哲學。而此處我們要關心的是：究竟龍樹所指謂的「空」是什麼？它與「自性」之關係又如何？

（一）「空」義之界定

在《中論》卷四〈觀四諦品〉裡，有文如是：

> 眾緣具足，和合而生物，是物屬眾因緣，故無自性。無自性，故空；空亦復空。但爲引導眾生故，以假名說，離有無二邊，故名爲中道。
>
> 是法無性，故不得言有，亦無空，故不得言無。〔註23〕

這裡指出：凡是必須要「和合」其他因緣條件才能成立的事物，都是沒有「自性」的；由於無自性，所以就用「空」名之。而此「空」，一方面由於本身也依待於無自性的事物，一方面又酌情於保全事物的實際存有，因此，必須「空亦復空」。此一簡單的陳述，提供了兩種關於「空」的描寫：

第一、若以絕待爲「自性」，則凡是「屬眾因緣」的事物，其自性都是「空」的。換言之，此「空」是「自性空」的涵義。

第二、若由「空」的實際觀照入手，爲避免它自身也落入能所依待的窠臼之中，「空」的觀照必須納入一不斷超越的畢竟空之歷程中，以防杜流弊。換言之，此「空」是一個不斷超越自他、以臻絕待自性的實踐義。

其中，第一、是由萬法「自性空」的角度言「空」，第二、則是從「空觀」的實踐上面言「空」。前者屬觀法入空，偏向於靜觀；後者則是強調一種不斷蕩相遣

無始存在。三、《起信論》依如來藏『本覺』而有無明之『不覺』，則會疑惑何以顯本覺後，無明又依本覺而生？解決之道有二；一是「眞如非無明生起的直接因，無明只不過是『憑依』眞如而存在而已。故不會有佛生無明的問題」，一是「如來藏即（隱覆）眞如，眞如及無明皆爲無始，並非先有如來藏或眞如，而後才有無明。人只要不妄執『眾生無明有始、涅槃有盡』，自然就可消除此疑難。

〔註23〕《中論》卷四〈觀四諦品〉，磧砂大藏經十六冊，頁63。

執的工夫，偏向於動態的實踐。而將這一動一靜兩個型態的「空」晶結於一體，就是龍樹般若學之最大特色。如果我們需要對「空」下任何界定，〔註24〕也應是從這樣的方向進行。

（二）何謂「自性」

然而，此處我們真正該注目的關鍵論題還是：「物屬眾因緣，故無自性」中的「自性」究係何指？為什麼在「自性」的標準下，「屬眾因緣」的萬法就是沒有自性的？

針對此問題，釋印順於《中觀論頌講記》中，提出了「自性與緣生，不相並立」的看法，他說：

> 因緣和合的存在，是由種種的條件所生起。自性卻是自成的，本來如此的。自性與緣生，不相並立。所以，凡是自性成的，決不假藉眾緣；凡是眾緣生的，決無自性。〔註25〕

又以龍樹等中觀論者的角度解釋「無自性」謂：

> 中觀者看來，沒有固定的自體，就是無自性。無自性不是什麼都沒有，只是沒有固定性。〔註26〕

釋印順的看法是十分鞭辟入**裏**的，他指出「自性」除了必須不墮入各種依待條件之外，它同時也是「自成的，本來如此的」、具「固定性」的。也就是說：不論緣生萬法如何成住異滅，「自性」都不會改變，因為它是「不假藉眾緣」而存在的，它有自成性、有固定的自體。因此，所謂「自性」係指符應二端者：

〔註24〕原則上，「空」不應該靠著知性概念做任何界定，而且，在大乘教法當中，依據不同的進路與方便，對於「空」也可能產生不一致的強調面相。例如葉阿月〈「空性」的同義語〉一文，就主張依「唯識系及如來藏系」立場，「空」有「活用於淨化佛土」的意義：「大乘佛教所主張的空性，並不是空空洞洞、如龜毛兔角的消極否定的意思。尤其唯識系及如來藏系所強調的空性，……皆表示活用於淨化佛土的真空妙有的空性，就是「無之有」的空性的真意義。」（葉文見於《哲學與文化》第3卷第1期，頁34）。而釋恆清法師「《大般涅槃經》的佛性論」一文，則順空義論括佛性，以為佛性即是「具見空與不空的空」，其謂：「若以空義論佛性，則佛性是中道第一義空。它是具見空與不空的空。」釋恆清法師文見於《臺灣大學文學院佛學研究中心學報》第1期，頁74。當然，這個小單元並不強調對「空」做任何以上偏約取向的論斷，筆者只是強調龍樹的「空」是建立在觀照與實踐的模式之下；而底下的「自性」說，自然也是順此「空」而拖帶浮現的。

〔註25〕釋印順《中觀論頌講記》，頁65。

〔註26〕釋印順《中觀論頌講記》，頁100。

1、自成性：不必假藉於其他條件就可自己成立。

2、不變性：有固定的自體，不隨緣生法之變動而變動。

此自成與不變，是區界自性與緣生的判準。所謂自性的「有」、「無」，也是依據這一判準。由此可見，順著自性的角度看來，「屬眾因緣」的緣生萬法當然是沒有自性的，無怪乎會被觀空。不過，《中論》認爲緣生萬法雖然沒有自性，但萬法實際上的存有（即所謂「亦無空」）卻不容否定，於是採行「離有無二邊」的方式，跳離相對法的束縛，以獨特的「中道」觀照一切；在此中道觀（亦即「中觀」）中，一方面能燭見萬法的自性空，一方面亦保全萬法之作用與效能，就正如龍樹說的：

> 以有空義故，一切法得成；若無空義者，一切則不成。〔註27〕

「空」不是否定一切緣生法的存在，只是說它們的自性「空」；易言之，正因爲具有了自性「空」的屬性，一切緣生法才可能在這能所相對的世界中，得到存在。所以，就動靜合一的般若中觀言，不論觀法入空或蕩相遣執，都只應視爲是內面生命趨證於「涅槃」（即「自性」）的一種活動，它並不干預、破壞一切因緣所生法。

這種還原於自性的歷程，龍樹又曾藉「世俗諦」、「第一義諦」乃至「涅槃」的分別說加以強調，《中論》卷四〈觀四諦品〉文曰：

> 諸佛依二諦，爲眾生說法：一以世俗諦，二第一義諦。若人不能知，
> 分別於二諦，則於深佛法，不知眞實義。若不依俗諦，不得第一義；
> 不得第一義，則不得涅槃。〔註28〕

釋印順針對這段論述，則作如下按語：

> 不理解緣起法，就不能通達性空；不通達性空，就有自性見的戲論。
> 有了實有的自性見，就不能見到滅除妄見的安穩寂靜的涅槃法。「不
> 得第一義，則不得涅槃」，也就是這個意思。〔註29〕

因爲有了「世俗諦」緣起法的實際臂助，我們才有通達「第一義諦」、體會自性空的可能。而眞正的涅槃自性，就在這「第一義諦」自性空的當體燭照之中，浮現出來。所以，如此的推論就形成龍樹「自性」說的兩個特點：

1、由於「世俗諦」是趨悟「涅槃」的必經之路，因此「世俗諦」有

〔註27〕《中論》卷四〈觀四諦品〉，磧砂大藏經十六冊，頁63。
〔註28〕《中論》卷四〈觀四諦品〉，磧砂大藏經十六冊，頁63。
〔註29〕釋印順《中觀論頌講記》，頁132。

其積極正面的必要性、重要性。

2、因爲能否得見涅槃自性，是繫依於性空的觀照故，所以，空觀是
取證自性的關鍵。

其中，1、是對俗諦加以肯定，2、則是說明「自性」與「空」的微妙關係。
剋就2、言，此「空」之界定，當是指前述「不斷超越自他、以臻絕待自性」
之動態歷程言，也就是說：「自性」就存在於這種「空」的超越歷程裡面。而
釋印順甚至即直以此「空」等同「自性」，在《中觀今論》裡，他說：

> 自性是即空的，因爲自性是顛倒計執而有的，沒有實性，所以說自
> 性即是空。然不可說空即自性，以空是一切法本性、一切法的究竟
> 眞相，而自性不過是顛倒妄執。但以究極爲自性說，空是眞實、是
> 究竟，也可能說空即（究極）自性。〔註30〕

如果把「自性」依顛倒計執而實有化，那麼，此「自性」也是落入相對能所
之中，仍非「究極」的自性。眞正的究極自性，就是徹底的空觀自身！

而這樣的自性說，對於憨山的影響可謂深遠，如前所述，憨山嘗謂「修
行必以般若爲本」，又以此「般若」的實證爲「自心」、「自性」一種詮釋方式，
可見憨山也是順著空觀的動態實踐，以體會此自性說。當然，在憨山言，般
若空觀下的自性，與眞常理念中的自性，其實也是可以合一的。而之所以能
融合無間，則並非歷史之偶然，憨山之前的惠能，早已有兼攝眞常、般若之
自性說的走向了。

三、惠能《壇經》之自性說

正如前文所言，惠能自性說乃兼攝眞常、般若爲一，也就是說，惠能賦
予其本體論以實踐的義涵。而這也正是憨山禪學的本體特質之一；所以，釐
清惠能《壇經》之自性說，即等於深一層剖析了憨山本體思想之原奧。底下
分依三端闡述之，首先，進行《壇經》「何期自性」語之內涵分析。

（一）「何期自性」語之內涵

在《壇經》〈自序品〉中，記載了一段五祖弘忍與六祖惠能間，關於「自
性」的對話：

> 祖（弘忍）以袈裟遮圍，不令人見，爲說《金剛經》，至「應無所住

〔註30〕釋印順《中觀今論》，頁80。

　　而生其心」，惠能言下大悟：一切萬法，不離自性。遂啓祖言：何期
　　自性，本自清淨！何期自性，本不生滅！何期自性，本無動搖！何
　　期自性，能生萬法！祖知悟本性，謂惠能曰：不識本心，學法無益。
　　若識自本心、見自本性，即名丈夫、天人師、佛。〔註31〕

惠能的「何期自性」語，提供了四個描寫自性的角度：

第一、就染、淨（即分別與非分別）角度言，自性是本來清淨的。

第二、從生滅法的角度言，自性則有其恆在性，不落生滅流轉之中。

第三、從現象界變動不居的角度言，自性是眞常不動的。

第四、就萬法的形成言，自性是創生萬法的動力因。

這四個角度，第二與第三指涉的恆在特性是一致的，所以，關於「自性」，惠能是以自性的本來清淨、恆在性，以及創生萬法三種特質分別表述。細心的讀者此處如果參照「《起信論》之眞常心理論」，不難看出惠能自性說與眞常心論點的雷同。而弘忍所謂「不識本心，學法無益」的觀念，其實也與《起信論》重視內證體性的路數相符應。因此，大體上，如果我們將惠能自性說歸類爲眞常自性說，這個理解的方向是正確的。以上是「何期自性」語的涵義。

（二）眞常與般若合流之自性說

　　不過，惠能之言自性，除了一方面奠基於眞常論理之外，他也吸納了般若的精華；《壇經》〈般若品〉中，惠能說：

　　一切般若智，皆從自性而生，不從外入，莫錯用意，名爲眞性自用。
　　〔註32〕

般若智並不是來自外來的正聞熏習，它是直接「從自性而生」。換言之，雖名之爲般若智，其實仍只是眞常自性之「眞性自用」。此與前述《起信論》之「始覺」由「本覺」所生、並同契「心源」的內證歷程，如出一轍。只是惠能已跳出「始覺」、「本覺」的名相，而直以般若、自性表述。也正由於這個特色，惠能的自性說，明顯表現出與菩提達摩「藉教悟宗」迥異的風格來，而且，在《壇經》〈般若品〉中，就依此眞常與般若合流的自性說，而發展出禪宗「見性成佛道」、「不假文字」的重要見解：

　　我此法門，從一般若生八萬四千智慧。何以故？爲世人有八萬四千
　　塵勞，若無塵勞，智慧常現，不離自性。悟此法者，即是無念、無

─────────────

〔註31〕元宗寶《六祖大師法寶壇經》〈序品〉，嘉興大藏經第一冊，頁400。

〔註32〕元宗寶《六祖大師法寶壇經》〈般若品〉，嘉興大藏經第一冊，頁403。

憶、無著、不起誑妄，用自眞如性，以智慧觀照於一切法，不取不
捨，即是見性成佛道。……故知本性自有般若之智，自用智慧，常
觀照故，不假文字。譬如雨水，不從天有，元是龍能興致，令一切
眾生、一切草木、有情、無情，悉皆蒙潤，百川眾流，卻入大海，
合為一體。眾生本性般若之智，亦復如是。〔註33〕

惠能認為：塵勞煩惱雖然會覆蔽自性，但也並非無法超克，只要我們能啓動
自性之用（「用自眞如性」），以自性本有的「般若之智」觀照一切法，不再墮
入取捨分別的煩惱當中，「見性成佛道」就是一個當下的事實。在這個地方，
「眾生本性」與「般若之智」是被放入一套體用一致的執行模式當中的，也
就是說：「般若之智」原本即是一種內證本體的用，而此用又事實上還歸本體；
因此，重心依然在眞常之自性本體上。這就是為什麼要「不假文字」的主要
理由，因為文字言詮都不過是繞路說禪、玩弄光影而已，這當然不是強調體
用一致的惠能自性說所樂見的。

　　而在這一段引文中，特別值得留意的是：惠能雖然肯定自性乃本來清淨、
本無生滅，但他此處依舊承認：人實際上仍是活在「八萬四千塵勞」的牽纏
之中。這個看法，很明顯是源於晚期眞常理論（如《起信論》或《楞伽經》）
之視自性為「染淨同依」的暗示。所以，惠能所代表的嶺南之「南宗」，遂有
了無念的「般若三昧」說。

　　（三）「般若三昧」說

　　對於「般若三昧」，惠能作如是解：

若識本心，即本解脫；若得解脫，即是般若三昧。般若三昧，即是
無念。何名無念？若見一切法，心不染著，是為無念，用即遍一切
處，亦不著一切處；但淨本心，使六識出六門，於六塵中無染無雜、
來去自由、通用無滯，即是般若三昧。〔註34〕

依照前面的推論，這裡的「無念」自然也是自性的發用，所謂「無念」，如引
文云者，乃「見一切法，心不染著」，而實際上，此語的涵義是建立在自性「染
淨同依」的前提之上的。我們只要再重新回顧《起信論》認為本覺阿賴耶係
染淨同依的論點，就很容易理解惠能之所以要強調「心不染著」的原因；因
為只要停下染著心、不住於六塵，則染著心的眞正本質——「無染無雜、來

〔註33〕元宗寶《六祖大師法寶壇經》〈般若品〉，嘉興大藏經第一冊，頁405。
〔註34〕元宗寶《六祖大師法寶壇經》〈般若品〉，嘉興大藏經第一冊，頁405。

去自由、通用無滯」的自性清淨心，便會隨著呼之欲出了。所以，惠能的「無念」說，事實上仍具有體用一致的精神，終究它還是以趨證自性本心為最後的歸處。而所謂「般若三昧」者，正是惠能融鑄真常與般若為一、實踐本體論而為「性修不二」的明證。

對於惠能之性修不二，憨山是有極深體會的。在〈答鄭孝廉〉文中，他就從儒家的性善論兜回六祖的自性說，以體用一致的實踐觀行，說明性修不二的道理：

> 吾人性自本善，但為塵習所染故，蔽其靈明，于日用中，只用情習，
> 不用性真耳。此所以凡民日用而不知，則聖賢可立待也。公即於日
> 用善念現前不昧處，便是本來面目發現時也。若時時現前念念知覺，
> 覺至純善之地，則性真自復，本體光明自然披露耳。〔註35〕

雖然「理」上有性善之本體論肯定，但也必須於日用現前處「不昧」，才能如理顯露「性真自復，本體光明自然披露」的純化境界。易言之，由真常之理言，雖然眾生的自性真常如一，但它真正的正面效益卻必須靠「于日用中」的般若工夫，才能貞定。如果「只用情習，不用性真」，性與修不能相應，則於六祖自性說，亦無法有實際的感應。

以上分別透過「《起信論》自性說」、「龍樹之自性說」、「惠能之自性說」，對於憨山禪學中之本體論進行根源性的理論架設。基本上，憨山並沒有為其本體論特意為文論述，也從未明白指出本體論的理論基礎為何。因此，本章如此進行的主要目的，是為憨山「禪者心之異名」的本體論，嘗試建構一套後設性之理論基礎。而因為此一理論之架設，主要又係憑依於憨山的本體論特質而來。因此，本章第一節部份雖題名為「基礎」，實際上卻已為憨山自性禪學之核心──本體論，鋪設出所有適當而可能的詮釋通路！

不過，筆者在此卻必須說明一個事實，那就是：雖然憨山的自性，可以通過我們後人之理性思維，加以區分，甚至架設出嚴整的理論基礎；然而實際上，憨山在運作其自性本體時，卻是一種統攝性的操作，他並未遵守於三種本體論特質（即真常之自性、般若之自性以及真常般若融合之自性）的嚴格分際。在憨山的體驗型態當中，自性向來就是流通著三種特質的，毋須去強分異同。所以，本章第一節之處理，純粹只是學術上的意義，筆者絕對無意於運用生硬之理論分析架構，來割裂憨山渾括之自性本體。

〔註35〕《憨山大師全集》卷八〈答鄭孝廉〉，嘉興大藏經廿二冊，頁474。

　　當然，奠基於傳統理論下之憨山自性禪學，既然我們已經護全其自性之整體性，那麼，它的實際活動如何？就成爲我們矚目的焦點了。就其本體論言，在對應於當時教內外思想時，憨山禪學也特別能顯出精彩的一面。而這似乎也正是以自性爲中心之憨山禪學，最吸引人關注之處！於是，順著這個脈絡，本章便將發展的重心，挪置於「憨山自性禪學本體論之動向發展」上面。

第二節　憨山自性禪學本體論之動向發展

　　正如緒論所言，由於憨山之思想層次相當複雜，不容易全盤掌握，即令本文只採取禪學之本體論進路，搭建在本體論上面的憨山思想，亦十分豐富可觀，取捨之間難予遽斷。所以，底下本文的設計，將採行選擇性的由「博」返「約」的方式。也就是說，這個部份將首先處理憨山禪學所對應之明末禪學趨向，討論憨山如何以其本體論角度統攝儒道二家、法華、華嚴、淨土等教內外之思想；再通過憨山之「轉識成智」說，逼顯出其本體論之核心論題——「唯心識觀」來。這是因應於憨山自性禪學所作的一種義理逐層深化之特殊設計，希望這個嘗試，能夠對於掌握「禪者心之異名也」的憨山自性禪，有積極的正面效益。

一、憨山對儒家思想之本體論轉化

　　憨山對於儒家的基本態度，可以從〈觀老莊影響論〉「論教原」中看出來，他說：

> 佛法豈絕無世諦，而世諦豈盡非佛法哉？由人不悟大道之妙，而自畫于內外之差耳。竊觀古今衛道藩籬者，在此則曰彼外道耳，在彼則曰此異端也，大而觀之：其猶貴踐偶人，經界太虛、是非日月之光也。是皆不悟自心之妙，而增益其戲論耳。蓋古之聖人無他，特悟心之妙者；一切言教，皆從妙悟心中流出。〔註36〕

憨山覺得對「佛法」、「世諦」作區分，形構各種「外道」、「異端」的經界，都只是「不悟自心之妙，而增益其戲論」而已。這當然是根據於他的「唯心

〔註36〕《憨山大師全集》卷卅〈觀老莊影響論〉「論教原」，嘉興大藏經第廿二冊，頁644。

識觀」（本文稍後有專節之討論）而來的宏觀視野所建立的判斷。在這一段話中，憨山設法讓佛法與世學的差異性，暫時退位；一切價值問題全部都納歸於真常之「妙悟心」，由「唯心識觀」來處理。如果這裡我們將「世諦」約化為儒家思想，搭配以前述憨山「禪者，心之異名也」的理路，那麼，說儒家思想乃係整體憨山自性禪學的詮釋起點，其實也並不為過。

（一）憨山〈春秋左氏心法〉之本體論色彩

對於以「仁」為中心之傳統儒家哲學，憨山一方面透過如前述他個人對於世學的充份尊重以表達敬意外，一方面也積極構思如何將他熟悉的儒家義理移渡轉化成禪學的一部份、以收儒佛相互印證的實效。例如，憨山由《春秋左氏傳》中悟出的通路，便格外值得吾人重視。

憨山在〈觀老莊影響論〉中曾說：

> 不知春秋，不能涉世；不知老莊，不能忘世；不參禪，不能出世。
> 〔註37〕

又於《憨山老人年譜自敘實錄》之萬曆卅二年曰：「春秋乃明明因果之書耳，遂著〈春秋左氏心法〉。」〔註38〕可見憨山原係基於剖析涉世因果的動機而撰寫〈春秋左氏心法〉，而他的著眼處，雖然主要仍是在於引儒入佛，對於《春秋左氏傳》的原有精神，卻也有一番鞭辟入裡的體會。例如在萬曆卅三年寫成的〈春秋左氏心法序〉中，憨山就對范寧「左氏豔而富，其失也巫」一說，深表不以為然：

> 先儒（范寧）有言：左氏豔而富，其失也巫。譏其好言鬼神卜筮之事，斯言過矣！孔子曰：君子有三畏，畏天命、畏大人、畏聖人之言。畏之言懼也。卜筮鬼神吉凶之先見、善惡之昭明，天命也；君父，大人也；經，聖人之言也。易尊卜筮，春秋尊君父，皆聖人之言也。易治之於未明，春秋治之於既亂。易言神道之吉凶，以懼之於幽；春秋言人道之賞罰，以懼之於顯。二者相須，如衣之有表裡、如木之有根株，豈有異哉！〔註39〕

〔註37〕《憨山大師全集》卷卅〈觀老莊影響論〉「論學問」，嘉興大藏經第廿二冊，頁645。

〔註38〕見《憨山老人年譜自敘實錄》卷下，嘉興大藏經第廿二冊，頁817。這一年，正逢達觀紫柏因沈令譽案入獄，憨山亦受牽連，被改配雷州戍役。

〔註39〕《憨山大師全集》卷十〈春秋左氏心法序〉，嘉興大藏經廿二冊，頁490。

范寧在〈春秋穀梁傳序〉中，認為左丘明對於孔子《春秋》經文的解釋，太流於強調「鬼神卜筮之事」，亦即所謂「其失也巫」。但憨山則坦率以為，「巫」的特色正所以凸顯出「君子三畏」的正面意義，而且，左丘明結合了《易》之「言神道之吉凶」與《春秋》之「言人道之賞罰」精神，也有幽顯相須、表裡呼應的直接效驗。因此，「巫」對於《春秋左氏傳》言，憨山其實並不從負面的角度去理解，反而他還說范氏之說乃「巫之為言，未探其本也」：

> 偶讀春秋，忽于左氏之心有當，始知巫之為言，未探其本也。觀其所載列國及諸大夫之事，委必有源、本必有末，吉凶賞罰不謀而符；俯而讀、仰而歎，不啻設身處地。每于微言密旨欣然會心，輒援筆識之，勒為一書，命曰左氏心法。非左氏心法也，仲尼之心法也；非仲尼之心法也，千古出世經世諸聖人之心法也。何以明之？心者，萬法之宗也；萬法者，心之相也；死生者，心之變；善惡者，心之跡；報應輪迴者，心之影響。〔註40〕

憨山認為范寧未能深察左丘明的「心法」，故有「失也巫」的判斷。因此，憨山接著指出「左氏心法」的共相涵義，不單可以仰承孔子的原始動機，即連「千古出世經世諸聖人」的「心法」也都可以一以貫之。而憨山所指的「心法」其實亦十分簡單，它就是〈觀老莊影響論〉的「唯心識觀」之另一說詞！所以，雖或有死生善惡、報應輪迴之異，根本上還是以「心」為主題，憨山皆視若真常自性之影像聲響。於是，〈春秋左氏心法序〉中，便提出了一種面對儒學的態度，所謂「即經以明心、即法以明心」者是：

> 禪者，心之異名也。佛言萬法唯心，即經以明心、即法以明心，心正而修齊治平舉是矣。于禪奚尤焉？夫言之為物也，在悟則為障，在迷則為藥；病者眾惟恐藥之不瞑眩也，迷者眾惟恐言之不深切也。

〔註41〕

這段話，反映在憨山「左氏心法」中，有底下兩層涵義：

第一、憨山強調《春秋左氏傳》也可以有助於我們掌握真常本心，因此《春秋左氏傳》的「經」、「法」雖為世儒之學，在真常心的活動中，它也能具有轉向於佛法的增上緣（即「明心」，明心見性之謂）。

第二、《春秋左氏傳》有「明心」的正面價值，而此「心」又為「修齊治平」

〔註40〕《憨山大師全集》卷十〈春秋左氏心法序〉，嘉興大藏經廿二冊，頁490。
〔註41〕《憨山大師全集》卷十〈春秋左氏心法序〉，嘉興大藏經廿二冊，頁490。

等內聖外王工夫的輻輳核心。所以,「左氏心法」實際亦即《大學》入
道必經之初階。

其中,前者明白表露出憨山撰述〈春秋左氏心法〉時之吸取儒家思想以印證
其本體論的立場,這一點事實上在憨山著作中,早已不是特例,我們並不感
覺新鮮。然而,後者延伸《大學》內聖外王工夫的義涵,直接形成自性禪學
的眞常心論題,倒是空前絕後的!

(二) 憨山〈大學綱目決疑〉對真常性體之肯定

正如憨山在〈春秋左氏心法序〉斬釘截鐵指出的,《大學》的工夫架構是
築基於眞常性體的肯定上面,此於〈大學綱目決疑〉中,又有如左陳述:

> 學人獨貴在眞知,眞知一立則明德自明,原無一毫造作。大學工夫
> 所以言明、言知而修齊治平,皆是物也。〔註42〕

他認爲「大學工夫」的重心,貴在對於眞常自體的「眞知」之掌握。憨山強
調眞知挺立後,其它工夫便會水到渠成地逐步實現。而且,《大學》所以「言
明、言知而修齊治平」,都是爲了要維護這一「眞知」。在「欲誠其意先致其
知」的解釋中,憨山亦謂:

> 意乃妄想,知屬眞知;眞知即本體之明德,一向被妄想障蔽、不得
> 透露,故眞知暗昧受屈而妄想專權。譬如權奸,挾天子以令諸侯,
> 如今要斬奸邪,必請尚方之劍,非眞命不足以破僭竊;故曰欲誠其
> 意先致其知。知乃眞主,一向昏迷不覺,今言致者,猶達也;譬如
> 忠臣志欲除奸,不敢自用,必先致奸邪之狀、達于其主,使其醒悟,
> 故謂之致。若眞主一悟,則奸邪自不容其作崇矣,故曰欲誠其意先
> 致其知。〔註43〕

他認爲一般人的眞知「一向被妄想障蔽、不得透露」,就如同眞主「一向昏迷
不覺」一樣。對治這個現象的辦法,便是立即尋求醒化眞知的可能途徑;只
要眞知清明、「本體之明德」重現神采,肅清妄想意念的「誠其意」,自然就
順水推舟完成了。

其實,如果此處我們再兜回憨山的本體論來看,《大學》所標榜的工夫,
確實亦與禪門自性觀行,頗有若合符節之處。憨山解釋《大學》「知止而后有
定」時,動用了惠能「不思善,不思惡,如何是上座本來面目」的「自性定」

〔註42〕《憨山大師全集》卷廿九〈大學綱目決疑〉,嘉興大藏經廿二冊,頁642。
〔註43〕《憨山大師全集》卷廿九〈大學綱目決疑〉,嘉興大藏經廿二冊,頁642。

說，就多少應證了這種心態：

> 定字，乃指自性本體，寂然不動、湛然常定，不待習而后定者。但
> 學人不達本體本來常定，乃去修習，強要去定，只管將生平所習知
> 見，在善惡兩頭生滅心上求定；如猢猻入布袋、水上按葫蘆，似此
> 求定，窮年也不得定。何以故？病在用生滅心、存善惡見，不達本
> 體，專與妄想打交滾，所謂認賊為子，大不知止耳。苟能了達本體
> 當下寂然，此是自性定，不是強求得的定；只如六祖大師開示學人
> 用心，云不思善，不思惡，如何是上座本來面目！學人當下一刀兩
> 斷，立地便見自性，狂心頓歇。此後再不別求，始悟自家一向原不
> 曾動。此便是知止而后有定。〔註44〕

把《大學》「志有定向」、「止於至善」的「定」，〔註45〕對照以六祖「自性定」；
將「知止」的「知」視若負面的「生平所習知見」（而「真知」則為正面意義
之「知」）、「止」解為「狂心頓歇」。以上均足以證明憨山確是很有意識地要
將儒家之《大學》，內化為其禪學的一環。而在解釋「明明德」之「明明」時，
這種禪家的色彩又更加鮮明：

> 兩個明字要理會，得有分曉，且第二個明字，乃光明之明，是指自
> 己心體。第一個明字有兩義：若就明德上說，自己工夫便是悟明之
> 明，謂明德是我本有之性。……若就親民分上說，第一個明字乃是
> 昭明之明，乃曉喻之意、又是揭示之意，如揭日月於中天，即是大
> 明之明。二義都要透徹。〔註46〕

此外，憨山對於「格物」、「物格」之「格」字的詮釋，也極具新意。底下節
引其說：

> 1、知有真妄不同，故用亦異。而格亦有二，以妄知用妄想，故物與
> 我相杆格，此格為鬥格之格；如云與接為搆、日與心鬥是也。以
> 真知用至誠，故物與我相感通，此格乃感格之格；如云格其非心
> 是也。且如驢鳴、蛙噪、窗前草，皆聲色之境，與我作對為杆格。
> 而宋儒有聞驢鳴蛙噪、見窗前草而悟者。聲色一也。向之與我杆
> 格者，今則化為我心之妙境矣。物化為知，與我為一，其為感格

〔註44〕《憨山大師全集》卷廿九〈大學綱目決疑〉，嘉興大藏經廿二冊，頁641。
〔註45〕見朱熹《四書章句集註》之《大學章句》，頁3。
〔註46〕《憨山大師全集》卷廿九〈大學綱目決疑〉，嘉興大藏經廿二冊，頁641。

之格。〔註47〕

2、學人要在此知字上著眼，前云致知格物者，是感物已達其知，此格字乃感格之格。今言物格而後知至者，是藉物以驗知體，意謂彼物但有一毫不消化處，便是知不到至極處。必欲物消化盡了，纔極得此眞知，如此則物格之格，乃來格之格。〔註48〕

3、慮而後能得，是已達，謂已于一切事物通達而不遷，目前無一毫障礙，則法法皆眞，豈非已達耶？其所以立、所以達，皆仗眞知之力也。故今作新民的工夫，就將我已悟之眞知，致達于萬物之中；萬物既蒙我眞知一照，則如紅爐點雪、烈日消霜，不期化而自化矣。故云致知在格物。物自化，故謂之格。彼物既格，則我之明德自然照明于天下，民不期新而自新矣，所謂立人達人也。如此則明德、新民，只是一事。〔註49〕

綜理上述，憨山至少對「格」字，作了三種不同的定義：

第一種定義是「杆格」之格：因爲「以妄知用妄想」，我之「心」與外界之「物」處於心境相對的狀態下，故名杆格。這是塵井凡夫的一般通相。

第二種定義是「感格」之格：「以眞知」、「用至誠」，使萬物與我之心能彼此相感通，「向之與我杆格者，今則化爲我心之妙境矣。物化爲知，與我爲一」，即感格之謂。此乃就「致知〉格物」、由內而外的實踐理路立言。

第三種定義是「來格」之格：即「藉物以驗知體」、由外而內的另一種實踐方式。因爲是「物格〉知至」、從外境還原本心的路數，故以來格名之。

林繼平於《明學探微》〈從陽明、憨山之釋大學看儒佛疆界〉文中，主張憨山之「眞知」與前述陽明「靈昭不昧」的本體良知，乃「完全一致」。其中，憨山乃釋「仁」爲「知」，仁即是知，故有知無仁。而陽明則以「良知」爲「仁」的根源，由知顯仁，且仁知兼攝。〔註50〕林氏之說，是否確當乃另一問題，

〔註47〕《憨山大師全集》卷廿九〈大學綱目決疑〉，嘉興大藏經廿二冊，頁642。
〔註48〕《憨山大師全集》卷廿九〈大學綱目決疑〉，嘉興大藏經廿二冊，頁643。
〔註49〕《憨山大師全集》卷廿九〈大學綱目決疑〉，嘉興大藏經廿二冊，頁642～643。
〔註50〕見林繼平《明學探微》，頁252。林氏另以憨山之「杆格」「感格」「來格」三義，配對於「初關」「重關」「牢關」，其說過於牽強，筆者並不認同。而且，他將憨山之「眞知」與王陽明「靈昭不昧」的本體良知等同，顯然也殊欠考慮，因爲正如憨山自己說明之「儒佛宗本之辨」（見本文第六章之「頓悟漸修」節）一樣，兩者之「心性精微處」，是存在著根深蒂固的絕對差異。

然至少他已指出憨山之〈大學綱目決疑〉，確與世儒之學關係密切。憨山圓寂之後，其隔代法裔藕益智旭曾言：

> 佛法之盛衰，而儒學之隆替，儒之德業學問，實佛之命脈骨隨。故在世爲眞儒者，出世乃爲眞佛。以眞儒心行而學佛，則不學世之假佛。〔註51〕

憨山〈大學綱目決疑〉所代表的精神，正是嘗試把原來接引自儒家的「儒之德業學問」，融入佛法的出世價值當中。而且，正如智旭的體會一樣，經世之眞儒與出世之眞佛，只要肯定了本體論上之「眞」，二者原本就是圓融互在的！

二、憨山之眞常自性與道家思想

在〈觀老莊影響論〉「論宗趣」中，憨山將老子「虛無大道」與眞常唯識論中之清淨第八識兩相鬥合，從而有如下之說：

> 老氏所宗虛無大道，即楞嚴所謂晦昧爲空、八識精明之體也。然吾人迷此妙明一心，而爲第八阿賴耶識，依此而有七識爲生死之根，六識爲造業之本，變起根身器界生死之相。是則十界聖凡，統皆不離此識。……至若老氏以虛無爲妙道，則曰谷神不死，又曰死而不亡者壽，又曰生生者不生。且其教以絕聖棄智、忘形去欲爲行，以無爲爲宗極，斯比孔則又進。觀生機深脈，破前六識分別之執，伏前七識生滅之機，而認八識精明之體，即楞嚴所謂罔象虛無、微細精想者，以爲妙道之源耳；故曰惚兮恍兮，其中有物。以其此識乃全體無明，觀之不透，故曰杳杳冥冥，其中有精。以其識體不思議熏、不思議變。故曰玄之又玄，而稱之曰妙道。以天地萬物，皆從此中變現，故曰天地之根，眾妙之門。不知其所以然而然，故莊稱自然。且老乃中國之人也，未見佛法而深觀至此，可謂捷疾利根矣。……當佛未出世時，西域九十六種以六師爲宗，其所立論百什，至於得神通者甚多，其書又不止此方之老莊也。〔註52〕

楞嚴「八識精明之體」，原指賴耶識染淨同依中之清淨識，也就是前述《起信

〔註51〕蕅益智旭《靈峰蕅益大師宗論》卷二之四，嘉興大藏經第卅六冊，頁289。

〔註52〕《憨山大師全集》卷卅〈觀老莊影響論〉「論宗趣」，嘉興大藏經第廿二冊，頁647。

論》所指謂之真常自性。而此處憨山將老莊的「天地之根，眾妙之門」，直接
理解為阿賴耶清淨識，主要還是基於其「唯心識觀」統攝三教的實際需求（請
見本文稍後之臚述）。由引文可看出，舉凡「谷神不死」、「死而不亡者壽」、「生
生者不生」、「惚兮恍兮，其中有物」、「杳杳冥冥，其中有精」、「玄之又玄，
而稱之曰妙道」諸境界型態的描寫，憨山均一律將之與第八意識聯想在一起，
雖或有削足適履之嫌，但就其圓說真常自性的立場言，則是前無古人的創見。

（一）憨山《道德經解》之本體化詮釋

所以，用來解釋老莊思想的實際核心，就在於真常自性，在憨山的注文
內，無論印決於法華、楞嚴或華嚴，都以呈現此一恆在本心為目的。例如《道
德經解》註解「致虛極，守靜篤」時，憨山即曰：

> 虛，謂外物本來不有；靜，謂心體本來不動。世人不知外物本來不
> 有，而妄以為實，故逐物牽心，其心擾擾妄動，火馳而不返。……
> 故曰歸根曰靜，靜曰復命，命，乃當人之自性，賴而有生者。……
> 性，乃真常之道也，故云復命曰常。人能返觀內照，知此真常妙性，
> 纔謂之明，故云知常曰明。由人不知此性，故逐物妄生，貪欲無厭，
> 以取戕生傷性亡身敗家之禍，故曰不知常，妄作凶。人若知此真常
> 之道，則天地同根、萬物同體，此心自然包含天地萬物，故曰知常
> 容。〔註53〕

這完全是用禪觀中慣用的真常心解釋《道德經》，此與老子原本之虛靜心已大
不相同。而尤其令人絕歎者，是憨山之注疏「知和曰常」與「知常曰明」：

> 然人之所以有生者，賴其神與精氣耳。此三者，苟得其養如赤子，
> 則自不被外物所傷矣。……且此三者，以神為主，以精為衛，以
> 氣為守。故老子教人養之之方，當先養其氣，故曰知和曰常。何
> 也？蓋精隨氣轉，氣逐心生；故心妄動則氣散，氣散則精溢，所
> 謂心著行淫，男女二根自然流液。故善養者，當先持其心，勿使
> 妄動。心不妄動則平定，心平則氣和，氣和則精自固、而神自安，
> 真常之性自復矣。故曰知和曰常。如所云不認緣氣之心為心，則
> 真常之性自見，故曰知常曰明。意謂知真常之性者，可謂明智矣。
> 〔註54〕

〔註53〕《老子道德經憨山解》上篇，頁71。
〔註54〕《老子道德經憨山解》下篇，頁117。

「以神爲主，以精爲衛，以氣爲守」本來就是金代全眞教道徒結合易理與養生丹氣的主要心法，而憨山用以解釋《道德經》，並非意欲老子哲學的道教化，其目的是想在「心平則氣和，氣和則精自固、而神自安」的狀態中，讓人去體證逐漸復出的「眞常之性」。他認爲道徒羽士們只要能從「緣氣之心」中跳離，眞實存在的眞常心就自然會出現。

　　而就體用關係言，憨山亦認爲《道德經》本身確實具有「體用兩全、動靜不二」的義理風格。例如，「既知其子，復守其母」一語，便在憨山的眞常禪觀之中，呈現爲：

> 是知道爲體，而物爲用。故道爲母，物爲子。人若但知道體虛無，而不知物從此生，是知母而不知子，則淪於斷滅。若但知物而不知道，是殉物而忘道，則失其性眞。所以既知其母，亦復要知其子。所謂有體有用也。既知物從道生，則不事於物，故曰既知其子，復守其母。所謂用不離體也，體用兩全、動靜不二，故沒身不殆！……且眞常之道，吾固有之，但凡人不能承襲而自絕耳。苟能如此做工夫，則綿綿而不絕矣，故曰是謂襲常。〔註55〕

「道爲體，而物爲用」與「道爲母，物爲子」之中的「道」，是指「吾固有之」的眞常之道，此即「體」。而所謂「用」，憨山便以即體起用的方式，將之定位爲「用不離體」之「用」。如此一來，老子「既知其子，復守其母」原指之虛靜心境界型態體用論，就完全被收歸於眞常心的「一心二門」的體用不二論之中了。陳鼓應在〈老子哲學系統的形成〉中，曾指出老子有過度地耽溺於虛靜心，而「蘊含著事物的運動與變化是無須」的退縮傾向，〔註56〕這問題從憨山視自性本體乃一心二門、體用不二的詮釋進路看來，根本就不存在！

　　（二）真常心理論下之《莊子內篇註》

　　而在寫《莊子內篇註》時，憨山以《起信論》之眞常心統攝內七篇的意圖，又更爲明顯。即以〈養生主〉「庖丁解牛」的疏文爲例，便如是道：

> 只一庖丁解牛之事，則盡養生主之妙。以此乃一大譬喻耳。若一一合之，乃見其妙。庖丁喻聖人，牛喻世間之事，大而天下國家、小而日用常行，皆目前之事也。解牛之技，乃治天下國家、用世之術智也。刀喻本性，即生之主；率性而行，如以刀解牛也。言聖人學

〔註55〕《老子道德經憨山解》下篇，頁113。
〔註56〕見陳鼓應《老莊新論》，頁45。

道，妙悟性真，推其緒餘以治天下國家，如庖丁先學道，而後用於
解牛之技也。〔註57〕

憨山所謂「一一合之，乃見其妙」，「合」係指合於真常心言。因此，他說庖
丁手上所執「若新發於硎」的「刀」，是譬喻於吾人之「本性」，而「以刀解
牛」的從心所欲，就如同順著本心而動止發用一般、隨處均可諦觀「性真」。
憨山這種以真常心統攝莊子思想的作法，還見諸〈齊物論〉卷末：

蓋未悟本有之真知，而執妄知為是。此等之人，雖聖人亦無奈之何
哉！可惜現成真心，昧之而不悟。惜之甚矣！由不悟真心，故執己
見為是，則以人為非，此是非之病根也。〔註58〕

此處，他也以禪家之「現成真心」，做為〈齊物論〉泯執去妄的本體動源。如
是看來，莊子的齊物，在憨山眼底，根本就與參禪沒有兩樣了；於是，他說：

齊物之意，最先以忘我為本指，今方說天籟，即要人返觀言語音聲
之所自發，畢竟是誰為主宰。若悟此真宰，則外離人我、言本無言，
又何是非堅執之有哉？此齊物論之下手工夫、直捷示人處，只在自
取怒者其誰一語。此便是禪門參究之功夫。必如此看破，方得此老
之真實學問處。〔註59〕

很顯然，憨山已經把「參禪者是誰」這個話頭，改裝套用在裡面了。所以他
解「自取怒者其誰」為等同於「禪門參究之功夫」，一點也不奇怪。

其次，於〈德充符〉疏文中，憨山對「介者王駘」亦有獨數一幟的解釋：

此篇以德充符為名，首以介者王駘發揮，只在末後數語，便是實德
內充，故符於外而人多從之，非有心要人從之也。蓋忘形骸、一心
知，即佛說破分別我障也；能破分別我障，則成阿羅漢果，即得神
通變化。今莊子但就人中說，老子忘形釋智之功夫，即能到此境界
耳。即所謂至人忘己也。此寓六骸、象耳目、一知之所知，即佛說
假觀，乃即世間出生死之妙訣，正子所謂修離欲禪也。〔註60〕

在前述「天乘止觀」性格之規範下，此處憨山也將莊子「忘形骸」、「一心知」、
「至人忘己」理解成破我執、離人入天的止觀工夫；並以莊子能破「分別我

〔註57〕《莊子內篇憨山註》卷三〈養生主〉，頁9。
〔註58〕《莊子內篇憨山註》卷二〈齊物論〉，頁25。
〔註59〕《莊子內篇憨山註》卷二〈齊物論〉，頁11。
〔註60〕《莊子內篇憨山註》卷三〈德充符〉，頁6。

障」、修「假觀」，而安配以「修離欲禪」的阿羅漢果位。可見憨山之注解《莊子》，始終不離於一個禪者的見解。甚至，他還將〈逍遙遊〉剖形去智、無己無名的境界，視如「以斷煩惱爲解脫」之無礙解脫：

> 此爲書之首篇，莊子自云言有宗，事有君，即此便是立言之宗本也。
> 逍遙者，廣大自在之意，即如佛經無礙解脫，佛以斷煩惱爲解脫；
> 莊子以超脫形骸、泯絕知巧，不以生人一身功名爲累爲解脫。蓋指
> 虛無自然爲大道之鄉，爲逍遙之境。〔註61〕

而憨山如此不厭其煩地以禪解莊、或用莊子思想印證其自性禪學，他的理路是相當清晰而完整的。在〈大宗師〉裡，就透過內七篇義理的層序定位，說明他認爲的莊子思想：

> 莊子著書，自謂言有宗、事有君。蓋言有所主，非漫談也。其篇分內
> 外者，以其所學乃內聖外王之道；謂得此大道於心，則內爲聖人，迫
> 不得已而應世，則外爲帝爲王。乃有體有用之學，非空言也。且內七
> 篇，乃相因之次第。其逍遙遊，乃明全體之聖人，所謂大而化之之謂
> 聖，乃一書之宗本，立言之主意也。次齊物論，蓋言舉世古今之人，
> 未明大道之原，各以己見爲是；故互相是非，首以儒墨相排，皆未悟
> 大道，特以所師一偏之曲學，以爲必是，固執而不化。皆迷其真宰而
> 妄執我見爲是，故古今舉世，未有大覺之人，卒莫能正之；此悲世之
> 迷，而不解皆執我見之過也。次養生主，謂世人迷卻真宰，妄執血肉
> 之軀爲我，人人只知爲一己之謀，所求功名利祿以養其形、戕賊其真
> 宰，而不悟此舉世古今之迷，皆不知所養耳。若能養其生之主，則超
> 然脫其物欲之害，乃可不虛生矣。果能知養生之主，則天真可復、道
> 體可全，此得聖人之體也。次人間世，乃涉世之學問，謂世事不可以
> 有心要爲，不是輕易可涉；若有心要名干譽、恃才妄作，未有不傷生
> 戕性者。若顏子、葉公，皆不安命、不自知而強行者也。必若聖人忘
> 己虛心以遊世，迫不得已而應，乃免患耳。其涉世之難，委曲畢見；
> 能涉世無患，乃聖人之大用也。次德充符，以明聖人忘形釋智、體用
> 兩全，無心於世而與道遊，乃德充之符也。其大宗師，總上六義，道
> 全德備、渾然大化、忘己忘功忘名，其所以稱至人神人聖人者，必若
> 此乃可爲萬世之所宗而師之者，故稱之曰大宗師。是爲全體之大聖；

〔註61〕《莊子內篇憨山註》卷一〈逍遙遊〉，頁2。

意謂內聖之學，必至此為極則，所謂得其體也。若迫不得已而應世，則可為聖帝明王矣。故次以應帝王，以終內篇之意。至若外篇，皆蔓衍發揮內篇之意耳。〔註62〕

依陳榮波先生〈憨山大師的莊子思想〉之解釋，憨山內七篇註解是以「內聖外王之道為中心而開展出來的一套相因次第」。〔註63〕而根據上述《莊子內篇註》引文，憨山筆下之莊子，確是有底下七層相因之次第：

第一、就「立言之本」言，〈逍遙遊〉乃是在於「明全體之聖人，所謂大而化之之謂聖」，以聖人能夠破除分別我障，無待於功名人我，故能自在逍遙。即此便是「一書之宗本，立言之主意也」。

第二、就「大道之原」言，〈齊物論〉是在於破斥因為「迷其真宰而妄執我見為是」所延伸出來的種種名言是非的紛爭。而所謂「大道之原」，即是真常自性，〈齊物論〉之絕待絕言，就是要呼應「大道之原」。

第三、就「養生之主」言，〈養生主〉強調血肉形軀之我並非「真宰」，盲目投入的結果，將會「戕賊其真宰」、徒增「物欲之害」。其所謂「真宰」，是真常自性；從真常心入道，才是得「養生之主」真諦。

第四、就「涉世學問」言，〈人間世〉主題在於挺顯聖人「涉世無患」的大用。而涉足世間之所以能無患，則全賴「忘己虛心以遊世，迫不得已而應」的智慧。

第五、就「體用兩全」言，〈德充符〉是在於彰顯真常自性之「體」的效驗。只要能「忘形釋智」、實證真常性「體」，則因體起用的生命必是和諧而超越的，所謂「無心於世而與道遊」者是。

第六、就「內聖之學」言，〈大宗師〉明指能履行「道全德備、渾然大化、忘己忘功忘名」之至人神人聖人，就是大宗師。因為彼等皆臻內聖之學的極則，亦即契會本心自性、「得其體」者故。

第七、就「聖帝明王」言，〈應帝王〉是說明「大宗師」的外王化。當一個對真常性體具有真實體證的大宗師，因「不得已而應世」時，一定是無治主義的聖帝明王。〔註64〕

〔註62〕《莊子內篇憨山註》卷四〈大宗師〉，頁1～5。
〔註63〕見《哲學、語言與管理》，頁66～72。
〔註64〕『無治主義』語，套用自陳鼓應〈莊子內篇發微〉之『應帝王──無治主義』一文，見《老莊新論》P205。

綜結這七個次第，可知：憨山的確很清楚地以「真宰」（即真常自性）作為貫連內七篇「內聖外王之學」的主軸。所以，作為憨山自性禪思想淵源之一的道家哲學，最後也如同儒學一般，全數轉化為印證禪家自性見地的有力學說。當然，不論以禪解莊、或用莊子思想印證其禪學，憨山將世諦法轉化為佛法（尤其是以真常理論為中樞之佛法）、以「唯心識觀」（請見本文稍後之詳細論述）融會老莊的卓優創見，確實都已發古人所未見，值得我們給予喝采！

三、對於法華與華嚴思想之本體論轉化

（一）憨山之本體遍在說

中國魏晉格義佛教時期，竺道生已早有「一闡提有佛性」〔註65〕說，當時因為曇無讖的大本《涅槃經》尚未譯出，故而引起學界不小的物議。所幸後譯之大本《涅槃經》，實際記載了惡性闡提眾生亦有佛性的說法，才算平反了竺道生的冤屈。不過，佛性的問題到了唐代，卻仍產生許多歧出而爭訟不決，此時辯諍的主題已不是惡性眾生，而是與有情眾生相對的草木瓦石之「無情」；學界爭執不一的是：究竟這些沒有情識的草木瓦石，其自身有無佛性？《金剛錍》的作者湛然認為「有」，《頓悟入道要門論》的作者大珠慧海則認為「無」；底下節引其說，以為對照：

> 1、萬派之通途、眾流之歸趨、諸法之大旨、造行之所期，若是而思之，依而觀之，則凡聖一如、色香泯淨。阿鼻依正，全處極聖之自心；毘盧身土，不逾下凡之一念。曾於靜夜，久而思之，思之未已，怳焉如睡，不覺寐云：無情有性。……故子應知：萬法是真如，由不變故。真如是萬法，由隨緣故。子信無情無佛性者，豈非萬法無真如耶？故萬法之稱，寧隔於纖塵？真如之體，何專

〔註65〕依據釋恆清法師〈《大般涅槃經》的佛性論〉一文指出：《大般涅槃經》（即本文所稱大本《涅槃經》）對一闡提的最後定論，是佛陀所說的「一切眾生定當得成阿耨多羅三藐三菩提，以是義故，我經中說一切眾生、乃至五逆犯四重禁及一闡提，悉有佛性」。而能下此定義的理由，是因為1、一切諸法無有定相，眾生根性亦不定2、佛性不可斷。正因為眾生根性不定，一闡提才能在斷善根之後，再生善根。3、佛性非過去、非未來、非現在，故不可斷。因此一闡提也不斷佛性，而終有成佛的一日。（釋恆清法師語見《台灣大學文學院佛學研究中心學報》第1，頁61）

於彼我？……是則無佛性之法性，容在小宗；即法性之佛性，方
曰大教。〔註66〕

2、若心生，故一切法生。若心無生，法無從生，亦無名字。迷人不
知法身無象、應物現形，遂喚青青翠竹，總是法身，鬱鬱黃華，
無非般若。黃華若是般若，般若即同無情；翠竹若是法身，法身
即同草木。如人喫筍，應總喫法身也。如此之言，寧堪齒錄。對
面迷佛，長劫希求；全體法中，迷而外覓。是以解道者，行住坐
臥，無非是道；悟法者，縱橫自在、無非是法。〔註67〕

湛然主張無情有佛性，最基本的理由有二：其一是，他認為無情的「法性」
與有情的「佛性」是一，故有「即法性之佛性，方曰大教」說。易言之，儻
予區分佛性與法性，只是小乘作為；惟其能融透法性佛性為一體，才符應大
乘教理。其二是，通過不變隨緣說的直接推證，可以將體、用二界晶結為一。
既可體用一如，那麼從體用論的「體」層面就可說「萬法是真如」（「萬法」
意表無情生），「用」層面則可言「真如是萬法」；因此，「無情有性」說成立
自無問題。至於大珠於《頓悟入道要門論》中所言，則是從現象與本體的分
離處著手，將黃華翠竹等無情生純粹地視為不能展現自我的現象物。大珠認
為「青青翠竹，總是法身，鬱鬱黃華，無非般若」一義，是解道悟法者「行
住坐臥，無非是道」的境界，以「心生，故一切法生」的方式應物現形之謂。
所以，黃華翠竹仍只是黃華翠竹，絕不可囫圇吞棗地等視於法身、般若，這
也就是說：無情生只具有成就佛性的輔助性意義，其本身根本不具佛性！

前者湛然的立場，大體是依法華迴小向大的一乘思想而出發，其看法不
僅在天台教觀中極受推崇，禪門亦十分歡迎。後者大珠的見解，雖然代表馬
祖道一門下禪者的主張，卻反而在禪門中迅速式微。憨山身處之晚明，「無
情有性」說，便已是一般禪者的常識了。在〈示王牧長周世父〉中，憨山謂：

嘗謂天生萬物，唯人最靈，此古語也。予則謂之不然，何也？蓋人
與萬物，皆具靈覺之性，此性均賦而同稟者也。〔註68〕

對於「天生萬物，唯人最靈」，〔註69〕憨山深不以為然，他強調佛性（即「靈

〔註66〕湛然《金剛錍》，嘉興大藏經第四冊，頁122。
〔註67〕大珠《頓悟入道要門論》卷下〈諸方門人參問〉，嘉興大藏經第廿三冊，頁
267。
〔註68〕《憨山大師全集》卷五〈示王牧長周世父〉，嘉興大藏經廿二冊，頁445。
〔註69〕此古語原出於《尚書》〈泰誓〉上篇『惟人萬物之靈』。

覺之性」）不是只具顯在人的身上，從先驗的賦性、天生的稟受衡觀，萬物與人一樣，都具有靈覺之佛性。

不過，這個本體遍在論點的成立，除了是一樁本體論上之共識外；呼應在禪者日用任運之際時，仍須通過一心三觀的進路，方得以圓成。憨山給靈洲鏡上人的法語開示中，就有如此耐人尋味的一段話：

> 上人號曰鏡心，是以心為鏡耶？是以鏡照心耶？若以心為鏡，則老盧道「明鏡亦非臺」非臺則無鏡可寄，若以鏡照心，心本無相，又何從而照之耶？如此非心則非鏡，非鏡則非心，心鏡兩非，名從何立？如此則上人名是假名，名假則真亦非真，是則所讀之般若，又豈有文言字句寄於齒頰之端耶？上人苟能悟此法門，則江光水色、鳥語潮音，皆演般若實相；晨鐘暮鼓、送往迎來，皆空生宴坐見法身時也。〔註70〕

憨山故意在「以心為鏡」與「以鏡照心」之語言名相上面撥弄攪繞，其實用心亦無非是希望鏡上人能跳開「鏡」、「心」的能所對待。他說「上人名是假名，名假則真亦非真」，便是假觀與空觀的活用，意在契證無執無惑之中道正觀。憨山以此規戒鏡上人莫將般若實相，當作「文言字句寄於齒頰之端」看待；他鼓勵鏡上人直趨中道正觀，從外界實在的「江光水色、鳥語潮音」與「晨鐘暮鼓、送往迎來」裡面，證悟本體遍在的工夫。

當然，正如本文在稍前闡述龍樹般若空觀時，所得到的結論一樣。憨山本體遍在論點必須在個體心靈不受任何概念知性黏滯的情況下，才能真實發揮其妙用。憨山有名的〈貝葉佛母贊〉謂：

> 佛體如空，無處不容，牆壁瓦礫，達之者通。秋水澂澂、朝霞燦燦，影落波心、光浮繁練，識之不見，見之不識。瞖目空華、太虛鳥跡。貝葉無文，法身非有，萬壑松聲，作獅子吼。碧眼鬍腮，維摩病骨，漏逗形骸，分明眉目。〔註71〕

一個能徹見法性、佛性是一的行者，不論行住坐臥、有情無情，都是無師不在、無入而不自得的，任何一事一物皆可以直接通向於明心見性、體用如一。所謂「貝葉無文，法身非有，萬壑松聲，作獅子吼」，正代表了憨山對於般若空性與真常本心充份的融會。

〔註70〕《憨山大師全集》卷一〈示靈洲鏡上人〉，嘉興大藏經廿二冊，頁392。
〔註71〕《憨山大師全集》卷十九〈貝葉佛母贊〉，嘉興大藏經廿二冊，頁571。

（二）從本體論的層面詮釋止觀

　　憨山是一個重視實修的禪門尊宿，他的所有學思理念，幾乎都可以與他知行合一的風格相印證。是以天台之止觀法門對憨山而言，必定也是能直接裨益禪修禪行，才能得到其重視推崇的。憨山在《圓覺經直解》卷上，曾如此詮釋止觀：

> 梵語奢摩他，此云止也。然修行必以止爲首者，以衆生向認妄想攀緣之心，念念生滅，無暫停時。今欲一旦離念，豈可得耶？故先修止行，以爲最初工夫，爲入禪之方便也。所言止者，按天台止有三止，謂體眞止、方便隨緣止、息二邊分別止。以此三止爲前導，然後可入空、假、中之三觀。今經之止，但是體之眞止也。若修此止，先將身心內外一齊放下，放下又放下，放到無可放處，則諸想歇滅、內外一空。即此空處，便能體合眞心，妄想不生，則念自離也。〔註72〕

他順著天台區分「止」爲三的說法，強調「體眞止」、「方便隨緣止」與「息二邊分別止」三種止行，分別可配屬爲空觀、假觀、中觀的前導工夫。而在實際的禪修經驗的對照中，憨山則僅意許於「體眞止」。由此可知：憨山詮釋止觀，仍偏於就本體論的側面來形成他的看法（而非從天台教觀的繁瑣名相系統中著手）。本文附錄於闡述憨山「青年時期」時，曾摘錄萬曆三年憨山於獨木橋上聽水聲而開悟的實際經驗，基本上，這就是一種止觀法門的實踐；其云「初則水聲宛然，久之，動念即聞，不動即不聞」者，表示他亦曾在控馭起心動念處，切實下工夫；而最後「自此眾響皆寂，不爲擾矣」境界之獲得，即屬體性上的「體眞止」之印證。所謂「體合眞心，妄想不生，則念自離」者，倘使不從止觀的角度看，而由禪者的立場觀，這幾乎等於是直通於六祖自性法門的同質見解！無怪乎憨山會指稱此乃「入禪之方便」。

　　也因爲憨山之專就本體論言三止三觀，所以，其所體驗之止觀法門，亦與禪門慣用的本心，脫離不了干係。他在〈示若曇成禪人〉文中，就說：

> 此經（法華）自入中土，受持者多。獨南嶽思大禪師所悟精深，天台智者大師讀誦此經，乃見靈山一會儼然未散。思大師曰：此法華三昧也。非子莫證，非子莫識。故天台因之建立止觀妙門，發明百界千如實相之旨。向後依止觀而悟明一心者，如永嘉而下，非一人

〔註72〕憨山《圓覺經直解》卷上，嘉興大藏經第十八冊，頁719。

也。是知此經爲成佛之妙行明矣。〔註73〕

如果暫借體用論之名相以衡視止觀法門，則很明顯地，憨山是認爲：止觀之體，緣於一心；止觀之用，悟明一心。憨山十分地貫徹以止觀悟明本心的立場，再加上止門與觀門，原本就是來自於行者本心之作用；因此，奉行止觀法門，能有助於禪修行者，在盤根錯結的紛芸萬象中，「發明百界千如實相之旨」，體證一心遍顯三千法界、而三千法界又捲藏於一心的境界。

當然，智顗定慧雙修、止觀並重的雙軌並行主張，憨山亦予認同，他在〈示周子寅〉一文中，就曾透過止觀，解釋《永嘉集》裡面寂寂歷歷的體性工夫，意義十分特殊，其謂：

> 從上佛祖教人之法門，路雖多不出戒定慧三學。所謂因戒生定，因定發慧。其節目之詳，經不過《楞嚴》，至若祖語，無如《永嘉集》一書。足下熟讀玩味，至於其中入定用心之說，如云「恰恰用心時，恰恰無心用，無心恰恰用，常用恰恰無」，又云「忘緣之後寂寂，靈知之性歷歷，無記昏昧，昭昭契本，真空的的」。此用心之神符也。如四勿三省者，正乃戒耳。此中具悉。其實修心工夫條目，不出止觀等持三門而已。此集中奢摩他，止也；毘婆舍那，觀也；優畢叉，止觀雙運、定慧等持也。〔註74〕

永嘉玄覺與六祖惠能同時，曾師事天台慧威及北宗之神秀，後以「生死事大，無常迅速」一事，參謁六祖。據《六祖法寶壇經》載，惠能當時即印可其對般若「無生」的悟境。由於玄覺能掌握當下一瞬間的開悟經驗，故時人有「一宿覺」之美譽。〔註75〕再加以他有天臺宗的法脈傳承，所以，歷來皆視其學乃天台與禪的結合。憨山鼓勵周子寅讀《永嘉集》一書，主要也就是看重書中羅列之「入定用心之說」，皆有清晰不紊的「工夫條目」可資憑藉。尤其是結合止門、觀門、止觀雙運門的天台教觀，更有助於學者從日常生活的起心動念處，察微知著；從無師不在的每一個當下裡，證實禪心禪境。

由是可知：憨山基本上是認同天台止觀的修持方式的，它與標榜頓悟體性本心的禪宗，可以彼此攝持，成爲性修不二的關係。在〈示玄津壑公〉中，憨山曰：

〔註73〕《憨山大師全集》卷四〈示若雲成禪人〉，嘉興大藏經廿二冊，頁432。
〔註74〕《憨山大師全集》卷五〈示周子寅〉，嘉興大藏經廿二冊，頁443。
〔註75〕元宗寶《六祖法寶壇經》〈機緣品〉，嘉興大藏經第一冊，頁411。

> 法華會上讚持經者曰：舉手低頭，皆已成佛。是乃以已成之佛心，
> 作現前之眾行。故一一行，皆是佛行，行之妙者，無踰於此。如此
> 是名眞佛弟子矣。〔註76〕

所謂「已成之佛心，作現前之眾行」，「已成」是止觀系統下的已成，「現前之
眾行」則指在四威儀中「入定用心」的禪經驗。在止觀雙行、性修不二的活
動中，自始至終，皆有明銳的本心穿梭其間，而構成以本體論爲主軸之體用
一如的關係；一位禪行者果能如是，那麼「一一行，皆是佛行，行之妙者，
無踰於此」，憨山就稱此爲「眞佛弟子」！

（三）憨山本體論底下之澄觀華嚴學

　　如第三章第三節所言，澄觀所理解的「心佛眾生三無差別」，其主軸無非就
是眞常心（或即謂自性清淨心），俗諦層面的眾生與聖諦層面的佛，就在眞常心
的一貫炳現下，彼此互攝互容，而消解了原來不同範疇的經界，以達平等法界
的圓融境界。這也就是說，印度部派佛教時期，以及小乘的阿含思想，對於我
們生存的這個世界，原有的「十法界」、「四聖六凡」之嚴格界定，在華嚴的思
想中，都可以全部被轉化成一個眞常心周遍含容的平等法界（所謂「一即一切，
一切即一」者是）。所以，生佛互在、凡聖不二的判斷，當然可以成立。

　　而也由於澄觀所理解的「心佛眾生三無差別」，其思想主軸是憑依於眞常
心（或即謂自性清淨心）的靈活運用，俗諦層面的眾生與聖諦層面的佛，必
須在眞常心的一貫炳現下，才能產生彼此的互攝互容。所以，澄觀其實並未
主張將現實層面中的眾生，直接毫無預設地就等同於佛。這個觀念，在憨山
的〈南堂廣智請益教乘六疑〉文內，有更明白的確認，他說：

> 心、佛、眾生，本來平等。以眾生是佛心中之眾生，故佛度自心之
> 眾生。若眾生相空，是爲度盡眾生，即成自心之佛。縱一心盡作眾
> 生，乃眾生自作自心之眾生，而佛界不減。縱眾生界盡，只是消得
> 各各眾生界，以心平等故，而佛亦不增。佛觀眾生界空，若眾生自
> 心不空，則眾生亦不減。譬如長空，雲屯霧暗而空亦不減，雲散霧
> 消而空亦不增，雖終日暗、終日消，而空體湛然。此則佛界豈有增
> 減耶？〔註77〕

憨山以爲：佛與眾生都只是「自心之佛」、「自心之眾生」罷了。因爲一般人

〔註76〕《憨山大師全集》卷三〈示玄津鑿公〉，嘉興大藏經廿二冊，頁416。
〔註77〕《憨山大師全集》卷五〈南堂廣智請益教乘六疑〉，嘉興大藏經廿二冊，頁439。

無法體察到「心平等故」，遂誤蹈於起心動念的知見束縛之中，馴致錯將撥弄光影的名相習性直接套襲於「佛」和「眾生」上。憨山指出如此之錯用心，學者必定會為眾生界、佛界之增減消長而爭訟不決。於是，原本澄觀依一眞常心之發用遍潤，即可完成的「心佛眾生三無差別」之華嚴學；在憨山的自性禪學需求底下，就被更深化至無增無減的「空體湛然」裡，以六祖惠能「無一物」〔註78〕的禪法，給予華嚴學一種般若空觀的新詮釋。從〈示徑山堂主幻有海禪人〉文中，我們就可看到憨山這別出於澄觀的獨特解釋，其云：

> 佛說一心，就迷悟兩路，說透宗門，直指一心，不屬迷悟。要人悟透其實究竟無二，如來藏中求於去來、迷悟、生死了不可得。此豈屬迷悟耶？二祖云「覓心了不可得」六祖云「本來無一物」，即般若無五蘊根塵識界及出世三乘之法也。以無所得，故得菩提與覓心了不可得，豈二法耶？是知教說一心，所多者，凡情聖解耳。參禪頓破無明，是絕凡情也；悟亦吐卻，是絕聖解也。斯則禪呵知解，而教未嘗不呵也。……但不可把佛說的語言文字及祖師玄妙語言，當作自己知見，必要參究做到相應處。〔註79〕

把「心佛眾生三無差別」的華嚴理境，透過參禪者的實際經驗，加以重新組合解讀，是憨山在吸納華嚴哲學時，最獨異於時人之處。他說「佛說一心，就迷悟兩路，說透宗門，直指一心，不屬迷悟」，就是以禪宗慣用的直指人心的方式，一筆帶過地解消「眾生」與「佛」的「迷悟兩路」之名相分別與思路攪繞。而順著「不屬迷悟」這一心靈的超越與跳躍，憨山亟欲表現的本體，一方面是澄觀華嚴學裡自性清淨的眞常心，一方面也是透過惠能「本來無一物」所凸現出來的「般若無五蘊根塵識界及出世三乘之法」（「五蘊根塵識界」乃廣泛謂指眾生，而「出世三乘之法」之終極處即佛）。易言之，憨山是經由「本來無一物」中「無」的般若觀照，取消佛、眾生的差別相。如果「心佛眾生三無差別」這個理境的詮釋進路，是可權依「破」、「立」來揀別的話，則澄觀的方式應是偏向於眞常心的「立」，至於憨山，當屬般若觀照心——「破」的進路。而正因為「破」，所以「本體遍在」、「唯心識觀」（此當於稍後臚述）

〔註78〕關於「無一物」，松本文三郎撰，許洋主譯〈六祖壇經之研究〉文中，曾考證指出：後世以為是六祖所作、膾炙人口的「本來無一物」這一句，是宗寶本（明藏本）以來才開始有的，未見於唐本（興聖寺本、敦煌本）。請參見《佛光學報》第5期，頁235。

〔註79〕《憨山大師全集》卷三〈示徑山堂主幻有海禪人〉，嘉興大藏經廿二冊，頁411。

的這些論題，就更加可以凸顯出來。

當然，此處應該附帶一提的是，憨山除力言「無一物」中「無」之般若觀照外，尚呵彈各種「知解」流弊（此即前文所言當時晚明禪門的普遍積習）。他警告徑山堂的禪者，千萬不可食古不化，「把佛說的語言文字及祖師玄妙語言，當作自己知見」。憨山似已從當時的禪門窠濫中，深體「教說一心，所多者，凡情聖解」之可畏，所以，他力勸時人「必要參究做到相應處」；這亦正足以說明，憨山對於澄觀「教說一心」的體會，並不是一般「知解」之徒的凡情聖解，他看重的，是那種能夠相應於禪者行證工夫的實踐意義。鄭學禮〈禪維根斯坦與新正教神學──禪宗傳達真理的問題〉文謂：

> 參禪時最不利的事，是透過思想將「道」合理化、概念化、知性化。
> 這樣做的人永遠無法悟道。禪宗認爲佛法不是推理的知識，它的傳
> 承不是藉助理性的推論，而是有賴個人的親晤。〔註80〕

這段文字用以描繪憨山，也是十分貼切的。事實上，即連建構了龐大形上體系的澄觀華嚴學，其核心課題「一真法界心」、「生佛互在、凡聖不二」所表現的圓融互攝境界，也都不全然是「藉助理性的推論」，它們一樣端賴個人的親晤實踐。這一點，是我們在掌握憨山本體論之融攝轉化時，所不可忽略的！

四、憨山對於淨土思想之本體論涵攝

憨山身處的時代，幾乎與雲棲蓮池是重疊的，對晚明淨土思想的風偃天下，當然不可能沒有感應。蓮池圓寂之後，憨山就曾閉關精修淨業、日課佛號，可知他也是念佛法門的實際奉行者。只是，憨山的淨土思想仍自有其獨詣之處，而不與蓮池同。

（一）以《壇經》之自性言淨土

在〈與陳劍南貳師〉文中，憨山便談及兩種「淨土」的不同，頗堪玩味，其曰：

> 淨土者有二種：謂事土、理土。在事，則步有相修，爲種種行門，
> 即《龍舒淨土文》所說，乃接引中、下根人之祕訣。所言理土，乃
> 諸佛諸祖自受用之境界，名常寂光；言常則不變，寂則不動，光則

〔註80〕語見鄭學禮撰、釋若學譯〈禪維根斯坦與新正教神學──禪宗傳達真理的問題〉《哲學與文化》《憨山大師全集》卷七〈與陳劍南貳師〉，嘉興大藏經廿二冊，頁466。第15卷第4期，頁44～45。

不昧，即吾人自性之本體也；故云「惟心淨土，自性彌陀」，又云「心
淨則佛土淨」，又云「生則決定生，去則實不去」，此乃上上根人所
證境界；《壇經》淨土之旨，蓋謂此也。〔註81〕

文中所提《龍舒淨土文》，是宋代淨土行人王日休所作，他也是淨土持名念佛
說的提倡者。在憨山當時，王著《龍舒淨土文》與蓮池的《彌陀疏鈔》幾乎
地位相埒，皆屬淨宗信眾案頭上常見的聖典。而此處憨山則分別從理事格局、
修為方式以及渡化根器等三個角度，涇渭禪與淨的差異。首先，就理事格局
言，憨山指稱王日休所言之淨土乃「為種種行門」的「事土」，以有別於取證
「吾人自性之本體」的「理土」。而事土為淨土宗一心傲向的淨土，理土則是
六祖以來的禪家共同認證的淨土。其次，從修為方式區分，淨土宗的念佛法
門為「有相修」，而禪宗的「惟心淨土，自性彌陀」與「心淨則佛土淨」的契
悟，則屬體性工夫上面的無相修。此外，針對渡化的根器分別，淨土念佛法
門往往只為「接引中、下根人之祕訣」，以求生彌陀淨土為現世之切願，有強
烈的他世傾向；但植根於「理土」、「自性本體」的禪家淨土法門，則重視眼
前當下，以顯發「生則決定生，去則實不去」的般若妙運替代往生的切願，
並以當下惟心之淨土以及眾生自性本具之自性彌陀，為用功之所在，憨山認
為這是「上上根人所證境界」，也就是禪的境界。

　　而憨山這樣地區分淨土，用意至為簡單，他只是想通過理土、事土之比
驗而援事入理，藉之提醒時人重返《壇經》淨土之旨，即六祖所云之「一
行三昧」：

若於一切處，行住坐臥，純一直心，不動道場，真成淨土，此名一
行三昧。〔註82〕

惠能將「一行三昧」理解為當下之直心境界，而直心也就是前述之離念的自
性本體。所謂「淨土」，就《壇經》立場言，並非十萬億國土以外的世界，淨
土就住於不動的本心當中，它為真常心觀照下的產物。所以憨山才會將常寂
光淨土，詮釋為「常則不變，寂則不動，光則不昧，即吾人自性之本體」，這
一強調本體論之論點，在〈與元溫起南〉文中，憨山又剖示得更為徹底：

淨穢隨心，苦樂在己；一切處，無非寂光真際也。〔註83〕

〔註81〕《六祖大師法寶壇經》〈付囑品〉，嘉興大藏經第一冊，頁410。
〔註82〕《憨山大師全集》卷八〈與元溫起南〉，嘉興大藏經廿二冊，頁476。
〔註83〕《憨山大師全集》卷一〈示優婆塞結念佛社〉，嘉興大藏經廿二冊，頁389。

如果人能將一切「淨穢」、「苦樂」的不確定條件，全部汰濾而還原到自己的本心，人也就有機會觸及不變不動的永相世界。在永相世界中，體用一如，所有境界全是「自性之本體」的貫徹，因此，無論身處任何的「一切處」，都是「寂光眞際」的淨土。憨山這一說法，正是惠能自性說的直接呼應。

　　所以，憨山其實是通過惠能的自性說，以融攝禪淨爲一；而他的理事淨土說，基本上也是依禪家之「理土」爲重心而援事入理。前文臚述永明延壽淨土思想時，曾提及憨山淨土思想乃是走向以禪修爲主之徹底的「禪淨一體論」，此處便可得到明證。

　　（二）憨山之「自性彌陀」說

　　另外，在〈示優婆塞結念佛社〉文內，憨山也曾針對當時蓮社的念佛行者，有過「心心彌陀出現，步步極樂家鄉」這樣的開示：

> 佛者，覺也。即眾生之佛性以迷之而爲眾生，悟之即名爲佛。今所念之佛，即自性彌陀；所求淨土，即唯心極樂。諸人苟能念念不忘，心心彌陀出現，步步極樂家鄉。又何必遠企於十萬億國之外，別有淨土可歸耶？所以道心淨則土亦淨，心穢則土亦穢。〔註84〕

將「佛」解釋爲自性本體，則念佛即等於念「自性彌陀」；把國土淨穢的問題，凝聚於心念的轉化與投射上面，則自心就有淨土，步步當下都是「極樂家鄉」，當然毋須於「十萬億國之外」再企望一個他世淨土。憨山這個看法，可謂遵循了惠能與永明的舊路，但卻與蓮池當時積極在信眾間提倡的「持名念佛」與「淨土實有論」彼此出入甚大，尤其〈示容玉居士〉中，憨山還提出「淨土在我而不在人，佛在心而不在跡矣」〔註85〕之說，更可見憨山胸中自有定見，對於蓮池的念佛法門，並非一味曲從。

　　這個現象，還見諸憨山主張之觀想念佛方法上面。前文提及蓮池念佛方法時，言其鼓勵「持名念佛」而反對「觀想念佛」，此一見解，在蓮池圓寂後，憨山就曾藉著對蓮池隨侍弟子開示的機會，給予溫和的修正，他說：

> 末法修行淨土，都要說想彌陀妙相，以未得親見面目，即想亦不眞；要聞彌陀說法，則思亦不眞。我觀大師（雲棲）則彌陀之化身。侍者執侍已久，豈可忘卻大師，又向他家求佛法開示？我謂侍者，更不必作別想，只想大師如生前，一一規模法範、音聲語言、作事威

〔註84〕《憨山大師全集》卷一〈示容玉居士〉，嘉興大藏經廿二冊，頁396。
〔註85〕《憨山大師全集》卷三〈示雲棲侍者〉，嘉興大藏經廿二冊，頁415。

儀、修行觀念、利生慈悲，細細從頭至足，終日竟夜，一一通想一
過。如此則念念想時，就是彌陀出現時也。纔有一念忘卻，便是負
恩德入生死之時。但以大師全身安向汝心中，不可吐卻。〔註86〕

蓮池原本即以「未得親見面目，即想亦不眞」而反對觀想念佛，但在憨山看
來，任何一種念佛的方法，只要確能有助於本心（自心彌陀）的現前，都是
好的方法。因此，倘使暫時權依觀想念佛，可以達到借假修眞、照顯本心的
目的，他認爲亦無不可。所以，他鼓勵雲棲侍者將乃師觀想爲「彌陀之化身」，
並且要「細細從頭至足，終日竟夜，一一通想一過」，如此念念之觀想，就等
於念念彌陀之現前。而所謂「但以大師全身安向汝心中，不可吐卻」者，用
意即是希望透過專注的觀想念佛，以進一步遞升爲直心禪悟、趨證本體。

由是可知，憨山對念佛方法的主張，與蓮池原來嚴謹的持名念佛說，並
不相同。當然，觀想念佛也絕不是憨山念佛思想的重點，其眞正重點是希望
將「念佛」轉爲一個能產生共鳴的媒介，以完成融淨入禪、化禪淨爲一體的
目的，在〈示慧鏡心禪人〉中，他甚至就提出「念佛即是參禪」說，破盡傳
統的「禪淨分別之見」：

念佛即是參禪。若似菩薩，則是悟後不捨念佛。故從前諸祖，皆不
捨淨土。如此則念佛即是參禪，參禪乃生淨土。此是古今未決之疑，
此說破盡，而禪淨分別之見，以此全消。即諸佛出世，亦不異此說。
若捨此別生妄議，皆是魔說，非佛法也。〔註87〕

順著永明「一念法界而念佛」的思路，並搭配以「所念之佛，即自性彌陀；
所求淨土，即唯心極樂」的論點，憨山提出「念佛即是參禪」以及「參禪乃
生淨土」的主張，無疑是十分圓融而成熟的。它是否眞能在禪與淨土之攪繞
中排難解紛，尚在其次，至少此處憨山已將兩者的同質性（即「自性」）發揮
致盡，就淨土或就禪而言，都是不凡的新義。

五、憨山本體論中之「轉識成智」問題

另外，順著《起信論》的眞常心理論，我們又可以追問出一個相當核心
的問題，那就是：憨山如何面對眞如、生滅二心，以證成其「明心見性」的
終極訴求？也就是說，憨山在《起信論》一心二門的自性格局中，如何能「離」

〔註86〕《憨山大師全集》卷四〈示慧鏡心禪人〉，嘉興大藏經廿二冊，頁428。
〔註87〕《楞伽阿跋多羅寶經》卷二，磧砂大藏經第十冊，頁350。

生滅而「證」真如？要回答這個問題，我們必須熟絡運用憨山體用一如的方法論模式，並接駁到憨山「即真即妄」的八識見解中，才能有正確的答案。

（一）「即真即妄」的八識說

《楞伽經》卷二，提及八識與意識之間的關係：

> 大慧白佛言：世尊不建立八識耶？佛言：建立。大慧白佛言：若建立者，云何離意識、非七識？佛告大慧：彼因及彼攀緣故，七識不生意識者，境界分段計著生，習氣長養，藏識意俱。我我所計著，思惟因緣生。不壞身相，藏識因攀緣，自心現境界，計著心聚生，展轉相因。譬如海浪，自心現境界風吹，若生若滅亦如是。是故意識滅，七識亦滅。……妄想爾燄熾，此滅我涅槃。彼因彼攀緣，意趣等成身，與因者是心，為識之所依。如水大流盡，波浪則不起，如是意識滅，種種識不生。〔註88〕

本處重點有二：第一、強調「意識」（第六識）為牽動一切執著妄想的主因，如果能離卻「意識」分別攀緣的作用，那麼，其他七種識的動因便會消失，七識也就不存在，所謂「意識滅，種種識不生」者是。第二、雖然「意識」與其他七種識，彼此牽混攀緣，連帶亦使「藏識」（第八識阿賴耶識）因之長養熏習。但是，「意識」與「藏識」的關係，畢竟仍僅是波浪與水之分而已，只要意識能不攀緣造作，現前之「藏識」就即是涅槃解脫境界之朗現，所謂「妄想爾燄熾，此滅我涅槃」者是。

針對於上述經文，憨山於《楞伽補遺》中，作如下之按語：

> 此經宗旨，說識藏即如來藏，不必更轉。其藏性寂滅之體，所以不得顯現者，但因妄想攀名相之過也。藏體本是湛淵之心，猶如湛海難云。前七波浪，其實只因六識攀緣外境界風，鼓動波浪。即七識亦因六識所起之波浪，其體同是八識精明。故本不生。是故三性之中，依他原自無性，其過在遍計執性耳。然妄想乃遍計執性，正是六識攀緣種種如幻依他境界，增長習氣，長養藏識。故今特辨妄想過重故，六識滅則內外心境一切皆寂滅，如來藏性應念現前，所以特說六識滅為涅槃也。此經宗趣與相宗迥不相同，故不立七識。所以世尊隨節說妄想分別通相，以顯即妄即真，為如來最上一乘禪也。〔註89〕

〔註88〕《楞伽阿跋多羅寶經》卷二，磧砂大藏經第十冊，頁350。
〔註89〕《憨山大師全集》卷廿八《楞伽補遺》，嘉興大藏經廿二冊，頁639。

對於意識的攀緣種種外境，以至前七識皆變成「因六識所起之波浪」，憨山特以遍計所執性名之。此亦即謂：第六意識之所以遮蔽「藏性寂滅之體」，使不得顯現者，全繫於遍計執性的妄想分別所致。因此，惟有超克遍計執性的分別妄想，才能真正「滅」第六意識。而就本體論角度言，此「滅」第六意識的同時，也就是代表一切心境、能所之歸於寂滅，此時，原本不起生滅相的「八識精明」本體，便會在水淨沙明之當下，以「如來藏性」的姿態「應念現前」。根據這一個思想主軸，憨山之按語可爬梳為下面兩種看法：

第一、就阿賴耶識（底下簡稱「識藏」）的層面言：識藏雖因意識的攀緣相依而有習氣熏習，但它「寂滅之體」的先在精明本質，則永恆不易。因此，當識藏的本質為習氣覆藏、「不得顯現」時，稱之為「識藏」；一旦「六識滅則內外心境一切皆寂滅」時，此識藏即名「如來藏」。所以，如來藏自性清淨心與阿賴耶識，實為「即妄即真」、同一本體的兩種名相。憨山之「識藏即如來藏，不必更轉」語，宜作如是理解。

第二、就意識的層面言：意識因為是「鼓動」其他七識的動因，且又與眼、耳、鼻、舌、身、末那、識藏諸識彼此輾轉、互為因果，因此，對意識的實際駕馭與掌控，乃至純化，便成為楞伽八識說的重點。換言之，如何淨除藏識之無始習氣熏染、轉成如來藏，意識之操修行履具有決定性的影響力。只要意識作用當下停歇，如來藏性就應念現前。

這其中，一、是本體論的看法，重點在於強調阿賴耶與如來藏是染淨同依的一體。二、則是延伸到工夫論的看法，主張第六意識上面的實際行證，可決定阿賴耶能否轉化為如來藏。透過這簡單的解析，我們就可以將話題轉入憨山「轉識成智」的問題。

（二）憨山之「轉識成智」說

剋就本體論的角度觀，很顯然憨山是認同楞伽看法的。在〈謝吳曙谷相國〉文中，憨山就以楞伽的本體論為大乘頓教的正綱，反對另立第九識，[註90] 他說：

> 此經（楞伽）何以不立九識？蓋佛應機說法，教有權實。以初出世時，化機未熟，不堪受大，姑為小乘劣根說六識三毒為生死本，即八識祕未敷說。直至三十年後，根機漸熟，方說唯識，以八識為迷

〔註90〕即將阿賴耶識中純淨之識另立為第九『菴摩羅識』，清淨無垢識之謂；此說由玄奘譯之無著《攝大乘論》三卷本，首先提出。

> 悟生死之本，猶恐不信佛性，故於八外又別立第九，名無垢識，以
> 引進之。此亦未盡大乘了義。過此已後，觀機已熟，乃說楞伽，直
> 指識藏即如來藏，爲頓教大乘。此經不立修證漸次名位，但了一念
> 無生，頓同佛體。……但觀經中識藏即如來藏一語，便是究竟極則，
> 不必更求九識爲實法也。〔註91〕

憨山排拒天親唯識學之九識說，理由十分簡單，因爲他認爲清淨無垢識就在
藏識之中，「識藏即如來藏」故。而且，在八識之外別立第九識，憨山還是以
「未盡大乘了義」看待的。此處，他認許的是「一念無生，頓同佛體」的眞
常論點。若搭配前述「意識滅，七識亦滅」之看法，則可作如是解，那就是：
只要意業不生，八識田中本來清淨的如來藏性，當即如撥雲見日一般朗現出
來。易言之，憨山之轉識成智說，是搭設在第八識染淨同依的前提上，無分
別之清淨識本身就內化八識之中，毋須更假於菴摩羅識。所以，憨山關於唯
識的看法，不能以單純的相宗去理解，他的唯識說，其實是與《起信論》的
自性系統一脈相承的。

　　此外，就轉識成智的歷程來看，憨山則是跨足到工夫論上之「漸修頓悟」
（請見第六章第二節）立場，有力而完美地圓滿此一歷程。他在回答潮州僧
人海印請益楞伽思想的信裡，曾經說：

> 若無行證，徒信無益。豈有但以信字，便爲了徹耶？古人云先悟後
> 修，是則悟後正好修行。古德云：學人但得一念頓契自心，是爲妙
> 悟。尚有八識田中，無量劫來惡習種子，名爲現業流識。既悟之後，
> 即將悟得道理，二六時中密密綿綿，淨除現業流識，名之爲修。不
> 是捨此悟外更有修也，淨除現業乃爲隨緣消舊業，全仗悟之功，乃
> 能有力淨除惡習。若但空信，將何以消惡習乎？〔註92〕

憨山自然深知楞伽「一念無生，頓同佛體」的道理，但類如「一念頓契自心」
的妙悟，他又另具一番見地。在憨山看來，楞伽之妙悟偶一流露並不困難，
困難的地方在於這一妙悟能否持續地呈現，以保任不墜。憨山認爲只有「二
六時中密密綿綿，淨除現業流識」，持續不斷地淨除阿賴耶識中的惡習種子，
楞伽之妙悟才能眞正發揮其意義。這也就是說，「淨除藏識之無始習氣熏染，
轉成如來藏性」這一行動，自「一念頓契自心」處言，固然爲頓教大乘；但

〔註91〕《憨山大師全集》卷九〈謝吳曙谷相國〉，嘉興大藏經廿二冊，頁 480。
〔註92〕《憨山大師全集》卷五〈答潮州僧海印〉，嘉興大藏經廿二冊，頁 435。

自「淨除現業流識」的歷程言，則仍然端賴漸修。因此，由憨山本體論所發展出來之轉識成智說，最終必與工夫論之「頓悟漸修」相資相成、互爲印證。從這個地方，我們就可以十分肯定地道出：憨山的本體論，終極處必定也是以「見性成佛」爲最高的目標。

宋人志磐《佛祖統紀》卷廿九，載錄菩提達摩以《楞伽》傳心，言「藉教悟宗」事，志磐如是謂：

> 直指人心，見性成佛，至矣哉。斯吾宗觀心之妙旨也。謂之教外別
> 傳者，豈果外此爲教哉？誠由此道，以心爲宗、離言説相。故強爲
> 此方便之談耳。不然何以出示《楞伽》，令覽教照心耶？何以言大乘
> 入道，藉教悟宗耶？〔註93〕

「出示《楞伽》，令覽教照心」、「言大乘入道，藉教悟宗」，這是禪宗初祖菩提達摩在「教外別傳」之外的方便之談。雖然是方便之談，最後的指向仍是「直指人心，見性成佛」；志磐認爲這是禪宗「觀心之妙旨」。而衡觀前述，如果以勞思光《中國哲學史》所提出的「基源問題討論法」看，那麼，取「直指人心，見性成佛」爲憨山自性禪學之基源所在，自不爲過。

當然，順著本體論的立場，憨山對於八識「即眞即妄」之特性，亦有相當明銳的洞視。例如：在孔老思想的層面上，他就曾給予十分徹底的發揮，於〈觀老莊影響論〉「論宗趣」中，憨山謂：

> 八識爲生死根本，豈淺淺哉？故曰一切世間諸修行人，不能得成無上
> 菩提，乃至別成聲聞緣覺，及成外道諸天魔王及魔眷屬，皆由不知二
> 種根本：一者、無始生死根本：則汝今者與諸眾生用攀緣心爲自性者。
> 二者、無始涅槃元清淨體：則汝今者識精元明，能生諸緣緣所遺者，
> 正此之謂也。噫！老氏生人間世，出無佛世，而能窮造化之原。深觀
> 至此，即其精進工夫，誠不易易；但未打破生死窠窟耳。〔註94〕

憨山雖然一方面認同於道家之能窮究「造化之原」，但也從《起信論》的眞妄和合立場，指出其「未打破生死窠窟」。這一段話，同時跨接了憨山的禪學與老莊孔老等世學，很顯然這也是憨山自性禪本體論中之十分重要的論題。底下，本文之發展，就接著從這個本體層面的核心論題——「唯心識觀」，繼續進行。

〔註93〕宋志磐《佛祖統紀》卷廿九，嘉興大藏經第十冊，頁586。
〔註94〕《憨山大師全集》卷卅〈觀老莊影響論〉「論宗趣」，嘉興大藏經第廿二冊，頁647。

六、憨山本體論中之「唯心識觀」

（一）「唯心識觀」之基礎

憨山對於標幟三界唯心、萬法唯識之「唯心識觀」，除了得益於前述第八識具「染淨同依」特性的啓蒙外（即「唯心識觀」之「識」義）；實際上，《起信論》眞常本心之理解，也決定了這個獨特論題的主要性格。而欲一探憨山「唯心識觀」之原奧，取徑於〈觀老莊影響論〉，最容易入手。例如，在〈觀老莊影響論〉「敘意」中，憨山便有「唯心識而觀諸法」的構想：

> 余居海上枯坐之餘，因閱楞嚴、法華，次有請益老莊之旨者，遂蔓
> 衍及此，以自決非敢求知于眞人，以爲必當之論也。且慨從古原教
> 破敵者，發藥居多，而啓膏肓之疾者少；非不妙投，第未脧其病原
> 耳。是故余以唯心識觀而印決之，如摩尼圓照，五色相鮮；空谷傳
> 聲，眾響斯應。苟唯心識而觀諸法，則彼自不出影響間也。〔註95〕

文中可知，憨山係因於楞嚴與法華的思路，而進一步嘗試依「唯心識觀」印決老莊，給予道家哲學以恰當的定位。此一嘗試，又在〈觀老莊影響論〉之「論心法」裡，透過「心」、「法」的圓融關係，給予更明確的肯定：

> 既唯心識觀，則一切形，心之影也；一切聲，心之響也。是則一切
> 聖人，乃影之端者；一切言教，乃響之順者。由萬法唯心所現，故
> 治世語言資生業等，皆順正法；以心外無法，故法法皆眞。迷者執
> 之而不妙，若悟自心，則法無不妙；心法俱妙，唯聖者能之。〔註96〕

首先，從「心」到「法」的縱貫關係言，憨山對於「一切形」、「一切聲」，皆視如自心本性所投射出來之影像與聲響；而所有「聖人」、「言教」，都成爲「心之影」、「心之響」之端緒。其次，就「法」回歸於「心」之還原關係言，一切「治世語言資生業」，在融入「萬法唯心所現」的歷程上，都可以被賦予眞常自性的價值，因此，便不難獲得「法法皆眞」、「法無不妙」的結論。由此證知：憨山之唯心識觀，是在心法圓融的基礎上提出的。

而憨山亦認爲：這一心法圓融基礎的成熟運用，可以將唯心識觀與華嚴的「平等法界」觀，深一層地搭接在一起，成爲統會三教、包攝老莊哲學之

〔註95〕《憨山大師全集》卷卅〈觀老莊影響論〉「敘意」，嘉興大藏經第廿二冊，頁644。

〔註96〕《憨山大師全集》卷卅〈觀老莊影響論〉「論心法」，嘉興大藏經第廿二冊，頁644。

理論依據，此則見於〈觀老莊影響論〉「論教乘」，憨山曰：

> 若以三界唯心、萬法唯識而觀，不獨三教本來一理，無有一事一
> 法不從此心之所建立。若以平等法界而觀，不獨三聖本來一體，
> 無有一人一物不是毘盧遮那海印三昧威神所現。……良由眾生根
> 器大小不同，故聖人設教淺深不一，無非應機施設，所謂教不躐
> 等之意也。由是鑒知：孔子，人乘之聖也；故奉天以治人。老子，
> 天乘之聖也；故清淨無欲，離人而入天。聲聞緣覺，超人天之聖
> 也；故高超三界、遠離四生，棄人天而不入。菩薩，超二乘之聖
> 也；出人天而入人天，故往來三界、救度四生，出真而入俗。佛，
> 則超聖凡之聖也；故能聖能凡、在天而天、在人而人，乃至異類
> 分形，無往而不入。且夫能聖能凡者，豈聖凡所能哉？據實而觀，
> 則一切無非佛法，三教無非聖人；若人若法，統屬一心；若事若
> 理，無障無礙，是名為佛。〔註97〕

以「唯心識觀」言，「三教本來一理」，且不論任何一事、任何一法，皆「統
屬一心」；而順著法身佛立場言「平等法界」，則不僅儒釋道三教聖人「本來
一體」，即連事、理法界也都會轉化為「無障無礙，是名為佛」的海印三昧境
界。可見憨山在詮釋「唯心識觀」時，不是單單只從「三界唯心、萬法唯識」
的意義出發，他也設法從華嚴的經教上著眼，取得與華嚴平等圓融境界相侔
的論點；又由於唯心識觀係得益於楞嚴、法華之啟蒙，是故憨山之以「唯心
識觀」看待三教聖人、禪解儒道，都並不是屬於肆意之牽強附合。這一點，
憨山在註解《莊子》〈應帝王〉時，就作了說明：

> 古今宇宙兩間之人，自堯舜以來，未有一人而不是鑿破渾沌之人也。
> 此特寓言大地皆凡夫愚迷之人，概若此耳。以俗眼觀之，似乎不經，
> 其實所言無一字不是救世愍迷之心也。豈可以文字視之哉？讀者當
> 見其心可也。即予此解，亦非牽強附合，蓋就其所宗，以得其立言
> 之旨。但以佛法中人天止觀而參證之，所謂天乘止觀，即《宗鏡》
> 亦云，老莊所宗自然清淨無為之道，即初禪天通明禪也。吾徒觀者，
> 幸無以佛法妄擬為過也。〔註98〕

〔註97〕《憨山大師全集》卷卅〈觀老莊影響論〉「論教乘」，嘉興大藏經第廿二冊，
頁645。
〔註98〕《莊子內篇憨山註》卷四〈應帝王〉，頁21～23。

即連曹洞宗之永明延壽，都有「老莊所宗自然清淨無爲之道，即初禪天通明禪」的見解；足證憨山之以「唯心識觀」禪化老莊、「以佛法中人天止觀而參證之」的作法，乃至心法俱妙說與平等法界觀的提出，都並未逾越一個傳統禪者的分際。而憨山這一本體理念的更清楚展示，則見於〈觀老莊影響論〉「論行本」中，關於儒道聖人的定位問題。

（二）唯心識觀之實踐進程

於〈觀老莊影響論〉之「論行本」中，憨山又謂：

> 原夫即一心而現十界之像，是則四聖六凡，皆一心之影響也。……究論修進階差，實自人乘而立，是知人爲凡聖之本也。……由是觀之，捨人道無以立佛法，非佛法無以盡一心。是則佛法以人道爲鎡基，人道以佛法爲究竟。……嗟乎！吾人爲佛弟子，不知吾佛之心；處人間世，不知人倫之事。與之論佛法，則儱侗眞如、瞞頇佛性；與之論世法，則觸事面牆、幾如擣昧；與之論教乘，則曰枝葉耳，不足尚也；與之言六度，則曰菩薩之行，非吾所敢爲也；與之言四諦，則曰彼小乘耳，不足爲也；與之言四禪八定，則曰彼外道所習耳，何足齒也；與之言人道，則茫不知君臣父子之分、仁義禮智之行也。嗟乎！吾人不知何物也。然而好高慕遠，動以口耳爲借資，竟不知吾佛教人出世，以離欲之行爲第一也，故曰離欲寂靜最爲第一。以余生人道，不越人乘，故幼師孔子。以知人欲爲諸苦本，志離欲行，故少師老莊。以觀三界唯心、萬法唯識，知十界唯心之影響也，故歸命佛。〔註99〕

此處，憨山詳論其「唯心識觀」的形成歷程，亦即自孔儒之人道人倫始，進而取法於老莊、「志離欲行」；最後才匯歸「觀三界唯心、萬法唯識」，完成其「唯心識觀」。這一個歷程，有底下三種涵義：

第一、憨山說「余生人道，不越人乘」，主張「以人道爲鎡基」做爲佛法的根本。所以，舉凡一切工夫論意義之「修進階差」，都是從「人乘」而建立；至於「十界唯心之影響」所見之四聖六凡，也是以「人爲凡聖之本」。

第二、雖然人道人倫是佛法的基礎，學佛行者不能昧於「君臣父子之分、仁

〔註99〕《憨山大師全集》卷卅〈觀老莊影響論〉「論行本」，嘉興大藏經第廿二冊，頁646。

義禮智之行」，但憨山仍強調人乘必須「以佛法為究竟」，才是終極的依止處。這裡可以清楚覺察到憨山將世間學之人乘包攝於其佛學底下的意圖。換言之，在憨山的觀念中，孔儒之人乘發展到究竟處，也是佛法。人乘，就現實型態上言雖非即佛法，卻有成為佛法之潛能。

第三、同樣的觀念，也適用於老莊，甚或佛說之小乘、外道；憨山一律視其乃潛能型態之佛法。所以，他認為行者應依平等心看待，不宜「好高慕遠，動以口耳為借資」。而「三界唯心、萬法唯識」所依據的真常信念，也與此平等觀彼此吻合。

承上所言，如果我們就三教之實行位序言，憨山當係以儒家之人乘為基礎，再依「離人而入天」之老莊而進窺天乘，最後方以超越聖凡之佛乘為終極歸依。不過，三教雖有人乘、天乘、佛乘工夫次序上的不同，在「唯心識觀」之中，卻有一種如同法華「三乘歸一」的結論，也就是：儒道佛三教，都被統收於「唯心識觀」的真常「一」心之中，皆視同「一心之影響」。於是，「論行本」中所謂「幼師孔子」、「少師老莊」，乃至最後之「歸命佛」，就不單只是憨山對自己信仰生活的回顧，它亦同時對顯了「唯心識觀」的形成歷程與其含容三教的圓融廣度。而這整個運作的軸心，正是本體論！

此外，憨山對於「唯心識觀」之運用，本身亦極為靈活，不僅用以統會三教，對於教內之楞嚴、法華諸思想等，都有十分明銳的闡示。

（三）依「唯心識觀」結合楞嚴與禪

憨山之楞嚴思想，具見於其《楞嚴通議》及《楞嚴通議補遺》二書。在《楞嚴通議補遺》卷首語中，憨山道出了他嘗試以「一心三觀」模型，作為歸納楞嚴思想的企圖，他說：

> 首楞嚴一經，統收一代時教，迷悟修證因果，徑斷生死根本。發業潤生，二種無明名結生相續，頓破八識三分，故設三種妙觀，攝歸首楞嚴大定，是為最上一乘圓頓法門，直顯一真法界，如來藏性稱為妙圓真心，據此大定列為三觀者，以如來藏有三種義：謂空如來藏、不空如來藏、空不空如來藏。由此藏性迷為阿賴耶識變，起見相二分，藏性在識名自證分，由本性不染名曰淨識，為證自證分。按論真如、生滅二門，此證自證分，即是真如，其自證分，即述中本覺，見分即指七轉識，相分即虛空四大，在外為世界山河大地及五塵境，在內為根身、為有執受，五蘊之色受

二蘊見，即七識，意根即六意識，及前五識，與同時分別意識。
今修楞嚴大定，端在直破八識。但此識體久迷，由相、見二分結
爲五蘊根身及外世界五塵，爲分別俱生麤細我法二執。以執五蘊
根身爲我執，貪外五塵爲我所受用，及計有所作爲法執。由此二
執，纏綿生死。故今願破生死，先破二執，爲最初方便也。……
是知此經，始終不出三觀，究竟不離一心耳。其經文雖未明言指
歸，其於破顯之文，皎然明白，第流通者未之究耳！三觀者，經
云奢摩他即當空觀，三摩即假觀，禪那即中道觀也。皆云妙者，
意顯圓融三觀，妙契一心；舉一即三，言三即一，離即離非，迥
出思議之表也。〔註100〕

憨山是將天台宗的空觀、假觀、中觀，統收於楞嚴所指「妙圓眞心」（即眞常
自性）之內；並把楞嚴先驗本體所對的山河大地，理解成由我執、法執的作
用所構成。這一步驟，其實就是援依於「唯心識觀」對於現象界的觀察理路，
直接搭接在楞嚴的本體論上。可見，憨山處理楞嚴思想的重心，主要還是安
置於「唯心識觀」的考慮上。

　　而楞嚴的本體論之所以特別爲禪者之憨山所倚重，關竅處仍繫乎「妙圓
眞心」的「妙」與「圓」。剋實言之，楞嚴言「妙」，係就其實踐層面之回歸
本體言妙；其言「圓」者，則指本體之能圓融兼收二端。此與「轉煩惱作菩
提，轉生死作涅槃」的禪行，乃至《起信論》一心二門之體用觀，實恰成呼
應。於〈答鄒南皋給諫〉文內，憨山即謂：

憂患人情皆本體也。非握至眞之符，又何能轉煩惱作菩提，轉生死
作涅槃。從來學道人，皆在生死關頭，掉臂而過，前輩不能盡知；
近年若羅近溪，則其人也。〔註101〕

陽明學泰州學派大將羅近溪，吸收了禪家的工夫，以「渾然順適，眼前即是」
的禪者風格，一洗理學膚淺套括之氣，而獨現其清新俊逸。然而，羅近溪雖
能知「憂患人情皆本體」，卻不能契會妙圓眞心，「握至眞之符」，令憨山有「生
死關頭，掉臂而過」之深惜。所以，憨山對於時人求道者，往往直以《起信
論》一心二門之本體理境答覆，並以「唯心識觀」深觀於「現前身心世界」，
諄諄勉進時人，例如〈答鄭崑巖中丞〉信文中，憨山就說：

〔註100〕見《憨山大師全集》卷廿七，嘉興大藏經廿二冊，頁632。
〔註101〕《憨山大師全集》卷八〈答鄒南皋給諫〉，嘉興大藏經廿二冊，頁473。

將自己現前身心世界一眼看透，全是自心中所現浮光幻影，如鏡中像、如水中月；觀一切音聲，如風過樹觀一切境界，似雲浮空，都是變幻不實的事。不獨從外如此，即自心妄想情慮、一切愛根種子、習氣煩惱都是虛浮幻化不實的，如此深觀，凡一念起，決定就要勘它個下落，切不可輕易放過，亦不可被它瞞昧。如此做工夫，稍近眞切。〔註102〕

此處，憨山就是鼓勵人將「唯心識觀」眞正落實在「現前身心世界」中，深觀「一切境界，似雲浮空，都是變幻不實」。並且把如此工夫做得更眞切，轉成看話禪的路數，認眞地觀照每一個起心動念，「決定就要勘它個下落」，不輕易放過。這是憨山順著本體論的通路，以「唯心識觀」爲核心，實際付諸日用現前之禪行的最好例示。

而仔細思索前文，亦不難得知：楞嚴對於本體之回歸要求，與其強調本體圓收心物的特點，在憨山「唯心識觀」的線索中，均能給予肯認以及進一步的意義深化，剋此而言，楞嚴與禪實可並行不悖、相得益彰。當然，憨山引楞嚴入禪，就禪者的實際需求言，應原有其強調「教禪一致」的用心在，不過，能就楞嚴與禪的共識處出發以深化禪學，憨山確有獨樹一幟之處；其中，以眞常色彩濃厚之「唯心識觀」深化楞嚴，尤是令人注目。

不惟楞嚴，即強調「三乘歸一」之法華思想，憨山也透過這一「唯心識觀」之詮釋，將原指佛乘實諦的「一乘」，〔註103〕轉化成禪家的「自性」。

（四）以「唯心識觀」轉化一乘觀

憨山〈示蘄陽宗遠庵歸宗常公〉文中，對於法華的一乘觀，有相當深透的解析，頗可看出他綰合法華與禪的功力，他說：

所云一乘者，乃一切眾生之本心，吾人日用現前知覺之自性也。以此心性是一切聖凡之大本，故說爲乘。乘者，是運載義，故曰三界上下法，唯是一心作。除此心外無片事可得，即吾人日用六根門頭，見聞不昧，了了常知，不被塵勞妄想之所遮障，光明普照，靈覺昭然，即此一心，是佛境界，則運至於佛。若以此心廣行六度、攝化眾生，不見有生可度，亦不見有佛可成；如是一心，即菩薩境界，

〔註102〕《憨山大師全集》卷一〈答鄭崑巖中丞〉，嘉興大藏經廿二冊，頁385。
〔註103〕對於「一乘」原指佛乘實諦的論證，在蔡耀明〈佛陀教法三乘的分立與連貫〉一文中，有相當深入的剖示。參見鵝湖170號P15～28。

則運至菩薩。……是故佛説三界唯心，除此一心，無片事可得，唯
此一事更無餘事，故説一乘。非此心外別有一法可説也，若心外有
法，是爲外道邪見，非正法也。若了此心，則知三賢十聖及一切眾
生，皆一心之影響。〔註104〕

這裡，憨山扣緊了「一乘者，乃一切眾生之本心，吾人日用現前知覺之自性
也」這一主題，反覆論陳法華一乘與禪家的本心覺性的同一性，他指出：佛
説的「三界唯心」，其唯心一説，其實也就是法華一乘之所指。所以，禪者只
要能「了此心」、體察「除此一心，無片事可得，唯此一事更無餘事」的道理，
便可算是通達法華的一乘教理了。

憨山此一見解，很明顯的是站在禪者觀心實修的立場下説的。換言之，憨
山並沒有實際照顧到法華一乘思想的原初經教主題，而僅僅只是透過本體論的
通路，抓取當下現證的一乘涵義。憨山所理解的一乘思想，其實就是徹底的唯
心識觀（「三界唯心，萬法唯識」）的觀念。所以，才會從法華的一乘教義內，
導出「三賢十聖及一切眾生，皆一心之影響」的特殊看法。如此視一切眾生不
過乃吾人一心之影響的看法，已見於〈觀老莊影響論〉文中，茲不另贅。

由於憨山是經由唯心識觀而吸納、轉化法華一乘思想的，所以，一乘實教
攝括三乘權法的涵義，亦自然被導入「三界唯心，萬法唯識」的理解脈絡之中，
易言之，憨山係將「一乘」體會成吾人之自性本體，「三乘」則是本體所對的駁
雜萬法；而這同樣的唯心識觀，憨山也貫徹於楞嚴與禪的接通介面上。可見，
掌握了本體論上的唯心識説，也就是掌握了憨山禪學的核心論題。當然，「三乘
歸一」的教理，也正是通過憨山此一心識説的提煉昇華，才成爲「治世語言資
生業等，皆順正法；以心外無法，故法法皆眞」如此強調體用一如的獨特禪解。
從這個角度來看，則法華的一乘説，恰如楞嚴之教理一般，不但已爲憨山體用
合一的唯心識觀所充分融攝，而且亦是憨山統會儒釋道三家的教理依據。

以上，我們順著憨山的本體論，逐一勘驗了各種不同之思想領域，可歸
納爲底下諸項結論：

首先，在第二節一、當中，我們透過憨山的《春秋左氏心法》、《大學綱目
決疑》以及相關文證，説明了憨山禪學與儒家思想的關係。我們發現，原本經
世意識濃厚的儒家哲學，在憨山本體性地轉化當中，都已內化爲其禪學的一部

〔註104〕憨山大師全集》卷一〈示蘄陽宗遠庵歸宗常公〉，嘉興大藏經廿二冊，頁408。

份；其中，尤以《大學綱目決疑》對「格物致知」的看法，最具代表性。

而第二節二、的思路，本文主要是依據憨山的〈觀老莊影響論〉、《道德經解》、《莊子內篇註》，逐層核驗於虛靜心為主體的道家境界型態。在思路的推展過程中，我們深刻體驗了憨山以真常自性立場消化老莊之用心。基本上，道家的「虛無大道」，也已全部被移渡轉化成真常心為樞紐的憨山自性禪學。

第二節三、裡面，吾人亦得知：憨山對於智顗定慧雙修、止觀並重的雙軌並行主張，是表示認同的。這一層面的見解，可以直接延伸到憨山對於惠能定慧觀以及宗杲看話禪的看法，具相當重要的意義。此外，憨山之「本體遍在」說，強調佛性（即「靈覺之性」）不是只具顯在人的身上，從先驗的賦性、天生的稟受衡觀，萬物與人一樣，都具有靈覺之佛性。所以在一個能徹見法性、佛性是一的行者眼底，不論行住坐臥、有情無情，都是無師不在、無入而不自得的，任何一事一物皆可以直接通向於明心見性、體用如一。所謂「貝葉無文，法身非有，萬壑松聲，作獅子吼」，正代表了憨山此一「本體遍在」說對於般若空性與真常本心充份融會。

而本文前已提挈澄觀「心、佛、眾生，三無差別」以及「生佛互在」與「凡聖不二」的華嚴義理，在第二節三、之（三）項之中，復通過憨山的禪學觀點加以證成。由是可知：憨山禪學與澄觀華嚴學的淵源關係，自始就是形影相隨的。二者之間雖然對於「心、佛、眾生，三無差別」同一理境的詮釋進路，可能有般若觀照之「破」與真常心之「立」的不同，但是在憨山的本體論當中，般若自性與真常自性其實都是本體的內容。所以，憨山自性禪學與澄觀華嚴學，實際上仍可相互印證而無相忤。

至於憨山對於淨土思想的本體論轉化，本文已先在上一章中臚述五祖弘忍的一行三昧、永明延壽的禪淨一體、以及雲棲蓮池的淨土法門，以形成一淨土思想的輪廓；在本章第二節四、之中，又通過憨山的「離念」說、「理事淨土」說以及對念佛法門的看法，加以逐一之勘驗。我們發現：憨山的確亦有禪淨雙修的主張，只是他強調的是以禪宗為第一順位，淨土仍將以「念佛即是參禪」的途徑，被轉化為禪學的一部份。而這種禪學的轉化，正是本體論的一種妙運！

另外，第二節五、裡，本文亦處理了憨山自性禪之「轉識成智」問題。自本體論的角度來看，由於憨山認同《楞伽》阿賴耶識與如來藏性「染淨一體」的看法，所以他不贊成在八識之外另立清淨識。如此一來，憨山的「轉

識成智」說，便與其明心見性的要求一致，由賴耶轉成如來藏自性清淨心，只是一種本體性的轉化而已。此一本體論之定見，若搭配以《起信論》的自性思想，即是造就憨山「唯心識觀」之重要理論基礎。

所以，在第二節六、當中，「唯心識觀」便水到渠成地，成為憨山禪學本體論之核心論題。以憨山之「唯心識觀」言，「三教本來一理」，且不論任何一事、任何一法，皆「統屬一心」。而順著法身佛立場言「平等法界」，則不僅儒釋道三教聖人「本來一體」，即連事、理法界也都會轉化為「無障無礙，是名為佛」的海印三昧境界。可見憨山對於「唯心識觀」之詮釋，不是單單只從「三界唯心、萬法唯識」的意義出發，他也賦予了「唯心識觀」以「心」、「境」的兩重圓滿性格；就「心」言，係指回歸真常自性本心言，就「境」言，則與華嚴平等圓融境界相侔。

其次，就「唯心識觀」的形成歷程言，亦即自孔儒之人道人倫始，進而取法於老莊、「志離欲行」；最後才匯歸「觀三界唯心、萬法唯識」，完成其「唯心識觀」。這一個歷程，強調了「以人道為鎡基」做為佛法的根本，因為就現實型態上言雖非即佛法，卻有成為佛法之潛能。由是可看出「唯心識觀」在憨山自性禪學中，具有圓融佛法與世學的核心地位。而就憨山之憑藉「唯心識觀」對楞嚴與法華的轉化觀之，憨山主要則是順著「唯心識觀」匯歸真常自性的通路，以之詮釋佛教的各宗經教義學。換言之，對於憨山自性禪學思想言，「唯心識觀」一方面代表著歸攝「心」、「境」於本心自性的觀照模式，一方面也提供予「禪教一致」說（下一章將論及）以成立的基礎。

而從以上的歸納之中，實際上吾人亦已清楚察覺憨山禪學之本體論，實與其相伴而生之工夫論密不可分。當然，本章之所以要為憨山之自性本體奠立理論基礎，除了論說上的需要外，主要目的也還是希望在這個基礎上，能進一步地延伸出呼應於本體論的實踐理念——即工夫論來。因為，「真正自我與圓滿的自我實現，就是自性成佛」，〔註105〕討論憨山自性禪之本體論，最終之歸趨，亦應是「自性成佛」。而成佛，自然不是無據的，下一章關於工夫論的探討，正可以引導吾人的思路，逐層深入憨山自性禪的另一重心。

〔註105〕參考佛日〈自我實現與自性成佛〉，見十方第 10 卷第 9、10 期合刊本，頁 55。大陸學者蒙培元《中國哲學主體思維》中，則將禪宗之「明心見性」歸併為「自我反思型內向思維」，此與見性成佛之說是一致的。蒙文見該書第二章（五），頁 47。